KB206633

바가바드 기타

# 바가바드 기타

크리슈나다스(김병채) 편저

# BHAGAVAD GĪTĀ

🕉 슈리 크리슈나다스 아쉬람

바가반 슈리 크리슈나

바가반 슈리 라마나(1879.12.30. ~ 1950.4.14)

삿구루 슈리 파파지( 1910.10.13 ~ 1997.9.6)

# 편저자의 글

1989년 뉴델리의 슈리 오로빈도 아쉬람에서 저녁을 끝냈을 때 하늘은 물론이고 땅까지 찬란한 빛을 만들고 있었다. 큰 나무 아래에서 서성이다가 숄을 걸친 머리카락이 긴 성자풍의 외국인에게 물었다.

"제가 어디로 가면 좋습니까?"

인도인을 불러 말을 나누더니

"알란디로 가세요."

알란디의 게스트하우스 주인은 나를 지하 서고로 데려갔다. 그곳에서 갸네쉬와르가 주석을 단 바가바드 기타를 보여주었다.

푸나에서 오쇼를 만났다.

"그대는 붓다입니다."라고 청중들에게 자비로운 말씀을 주셨다.

길거리에서 길을 물었다.

"플리즈! 오픈 유어 하트."

그 이름을 모르는 성자는 나의 하트를 가리키셨다.


성자 요겐드라지를 만났다.

"마음이 무엇입니까?"

"없는 것입니다." 세상에 마음이 없다니, 그럼 나는 어떻게 해....


봄베이의 한 요가 연구소에서 외국인에게 물었다.

"인도에서 가장 성스러운 곳이 어디입니까?"

"티루반나말라이에 있는 아루나찰라산입니다. 그곳에 라마나스 라맘이 있습니다."

찾아갔다. 아쉬람에 들어서자 평화 그 자체였다. 줄을 즐겁게 타는 원숭이들, 한가로우면서 이방인을 따르는 군살이 없는 개들, 건물 아래 위 할 것 없이 돌아다니는 공작들, 아름다운 정원 속에 묻힌 아쉬람을,

아아! 식사는 얼마나 좋은가.........바바나 잎사귀 위에 남인도의 음식들이 놓이고 손으로 음식을 먹는다. 손대기에 뜨거운 라이스, 달, 차파게티 등. 우유, 버터밀크, 차이, 커피. 모두가 영혼의 음식이다. 행복에 잠겼다. 말이 필요 없는 곳.

아쉬람의 주인께서는 우리말로 이미 돌아가셨다. 내가 두 살 때. 이제는 큰 홀에 걸린 사진들로 방문객들을 만나고 계셨다. 큰 홀의

왼쪽 편에 있는 사진을 보고 무언의 대화를 나누기도 하였다. 같이 사진도 찍었다. 많이 아쉬워했다. 이 할아버지와 눈인사라도 했었더라면......만나고 싶었다.......정말......

어느 날 3호실의 나의 방으로 가는 도중에 한 성자 분이 오셨다. 그분께서 한 무리의 헌신자들과 무언의 대화를 나누는 신기한 모습을 보고 나는 발걸음을 멈추었다. 이것은 또 무엇인가.....원 세상에, 심지어 그 성자 분께서 나를 오게 하시고는 나의 눈 속을 바라보셨다. 나는 둔하였는가 보다.


이가타푸리의 명상 아카데미에서 명상을 했다. 호흡에 나의 마음을 온통 주게 되었다. 그렇게 하라고 하셨다. 나는 그 말을 따랐다. 내가 무엇을 준다면 그것은 나에게 없다. 나는 호흡에 나의 마음을 주었다. 놀라운 체험이 곧 왔다. 너무나 놀라 고엥카님에게로 달려갔다.

"이것이 무엇입니까?"

"사마디입니다." 나는 그 당시에는 그 체험을 대수롭지 않게 생각했다.


콜카타에서 마더 데레사님을 찾아갔다.

'저를 축복하여 주십시오.'

2층, 확 트인 베란다에서 성녀의 두 손은 나의 머리 위에 있었다.

하리드와르에서 드디어 라마나의 제자 파파지를 만났다.

"저는 피곤합니다."

"아래의 게스트 하우스로 가서 쉬십시오."

"저는 몸이 아니라 마음이 피곤합니다."

"그대는 마음이 아닙니다."

하! 앞의 성자 분께서 나를 보고 나는 마음이 아니라고 말씀하신다. 나는 그 말씀을 따랐다.

사마디에 떨어졌다. 자아도, 세상도 지워졌다. 빛나는 하늘이 나다.


사마디에서 돌아온 나에게

"그대는 붓다입니다. 당장 집으로 돌아가십시오."


여정을 서둘러 마무리를 해야 했다.

다람살라에서 달라이 라마 성하를 친견하였다.

"저는 누구입니까?"

"그대는 대나무 안의 빈 공간...."


고국으로 돌아왔다.

돌아오자 구루 파파지께서

"바가바드 기타를 읽도록 하십시오. 그러면 마음이 평화로울 것입니다."

바가바드 기타가 나의 삶에 들어왔다.

스승님의 말씀은 말씀이 아니라 명령이시다.


몇 편의 번역본이 있었지만 나는 원서가 좋았다. 수십 권을 구입하였다. 읽을 아름다운 책을 만들고자 했다. 그런데 너무 어렵다. 번역하고 고치고 번역하고 고치고. 나는 신 크리슈나의 메시지를 알아야 한다.


시간을 전적으로 투자하는 것이 나의 성미다. 모르는 것은 누구의 잘못이 아니라 나의 잘못이다. 그러다 보니 어느덧 35년이나 흘렀다.


우주는 무엇인가? 우주 안에서 인간은 무엇인가? 신은 또 무엇인가? 진리는 우주 안에 있는가, 바깥에 있는가? 무엇을 해내야 진리에 이를 수 있는가? 그것들에 대한 큰 그림을 바가바드 기타를 통해 알수 있었다.


아, 이제야 알겠습니다. 전체의 그림을. 구루께서는 그것을 주고자 하신 것 같다.

아직도 부족하지만 편저를 내놓는다. 진리로 가는 길을 완벽하게 제시하고 있는 간결하고 놀라운 책이다.

2024 아쉬람에서

# 차례

# 제1장
# 아르주나가 슬퍼하다

## 산자야가 전쟁의 상황을 설명하다

**드리타라슈트라**

1. 말해보라. 산자야(좋고 좋지 않음을 정복한 사람. 치우치지 않는 사람)! 신성한 들판 쿠루크쉐트라(굴레와 해방의 전쟁이 일어나는 곳. 이 몸)[1]에 나의 아들들(물질지향적인 사람들. 주로 이다와 핑갈라 나디에 있는)과 판두의 아들들(영성 지향적인 사람들. 주로 수슘나 나디에 있는)이 싸우려고 모였을 때, 그들이 무엇을 했는가?

**산자야**

2. 판두의 아들들의 군대가 전투 대형으로 있는 것을 보고, 두료다나 왕은 자신의 스승 드로나에게 다가가 이런 말들을 했습니다.

---

1 북인도에 있는 성스러운 평원. 다르마가 보호하고 있는 곳. 사실 우리의 몸이 쿠르크쉐트라이다.

# 두료다나 왕이 드로나에게 말하다.

**3.** 오, 저의 스승님! 판두의 아들들의 저 거대한 군대를 보십시오. 스승님의 뛰어난 제자인 드루파다의 아들이 지휘하고 있습니다.

**4.** 여기에는 비마 및 아르주나와 전쟁에서 어깨를 견줄 수 있는 영웅들과 뛰어난 궁수들이 있습니다. 유유다나, 비라타, 그리고 대형 전차를 모는 드루파다,

**5.** 드리슈타케투, 체키타나, 카시의 왕인 푸루지트, 쿤티보자, 그리고 사이비야,

**6.** 힘센 유다만유, 강력한 웃타마우자스, 수바드라의 아들과 드라우파디의 아들들. 이 모든 이들이 위대한 전사들입니다.

**7.** 그러나 오, 브람민들 중 최고인 분이시여! 저의 군대의 지휘자들 중 뛰어난 장수들 중 몇몇을 폐하께서 아실 수 있도록 말씀드리겠습니다.

**8.** 폐하를 비롯하여 비슈마, 카르나, 그리고 크리파, 아슈밧타마, 비카르나, 소마닷타의 아들 자야드라타(우리의 진정한 적들은 패배시키기

너무나 어려운 감각들),

**9.** 그밖에 저를 위하여 자신들의 목숨을 내놓은 많은 영웅들이 있습니다. 그들 모두는 여러 가지 무기들로 무장하고 있습니다. 모두들 전쟁에 숙련된 자들입니다.

**10.** 할아버지 비슈마가 보호하고 있는 우리의 군대는 부족하지만, 비마가 보호하고 있는 저쪽 군대는 충분합니다.[2]

**11.** 그러므로 그대들 모두는 각자의 자리를 지키면서 모든 노력을 다하여 비슈마를 보호하라.

# 두 군대가 전쟁을 준비하다.

**12.** 쿠루 왕조의 총사령관인 비슈마는 두료다나 왕에게 기쁨을 주기 위해 사자처럼 포효하며 자신의 소라고둥 나팔을 크게 불었습니다.

---

2  다른 주석자들은 이 슬로카를 다르게 해석한다. 그것들은 모두 두료다나가 자신의 군대가 적군보다 더 크며 더 탁월한 지도자에 의해 통솔되고 있어 적군을 이길 만하다고 보고 있는 것으로 해석한다.

**13.** 그러자 뒤를 이어 소라고둥, 케틀드럼, 심벌즈, 드럼과 뿔피리 소리들이 터져 나왔습니다. 그 소리는 떠들썩한 소동이었습니다.

**14.** 다른 편에서, 백마들이 이끄는 거대한 전차에 있던 신 크리슈나와 아르주나는 천상의 소라고둥들을 불었습니다.

**15.** 크리슈나(아갸 차크라에 그의 발이 있다.)는 판차잔야(다섯 프라나가 함께 하는 소리)라는 자신의 소라고둥을, 아르주나(다난자야라고도 불린다. 부들에 승리를 거둔 이라는 뜻이다.)는 데바닷타(마니푸라에서 일어나는 소리)라는 소라고둥을 불었습니다. 대식가이자 힘이 장사인 비마는 자신의 무서운 소라고둥인 파운드라를 불었습니다.

**16.** 쿤티의 아들 유디슈티라(목 차크라에 있는) 왕은 아난타비자야를 불었고, 나쿨라(스와디스타나 차크라에 있는)와 사하데바(척추의 기저에 있는 생명의 힘의 자리. 흙을 상징)는 수고샤와 마니푸슈파카를 불었습니다.

**17.** 탁월한 궁수인 카시의 왕, 위대한 전사인 시칸디, 드리슈타듐나와 비라타, 굴복을 모르는 사티야키,

**18.** 드루파다와 드라우파디의 아들들, 오, 대지의 주인이시여! 그리고 수바드라의 아들, 그들 각각은 자신의 소라고둥들을 불었

습니다.

**19.** 그 우레와 같은 소리는 하늘과 땅을 진동시키면서 드리타라슈트라 측 사람들의 간담을 서늘케 하였습니다.

**20.** 그때 자신의 전차에 앉아 있던 판두의 아들 아르주나가 활(척추 즉 수슘나를 상징. 이것을 펴야)을 들고 드리타라슈트라의 아들들을 보고 화살들을 쏘려다가(수행을 하려다가),

## 적군에 대한 아르주나의 조사

**21.** 크리슈나를 향해 이와 같이 말했습니다. "오, 아츄타(크리슈나인 그는 결코 지고의 나의 상태에서 미끄러져 떨어지지 않음으로 해방으로 되돌아갈 필요가 없다. 아츄타는 변하지 않는다. 몸이라는 전차의 운전자이다. 비록 세상에서 일어나는 모든 것이 그의 힘에 의존하고 있지만, 여전히 그는 오점이 없이 있다.)시여, 저의 전차를 두 군대들 사이로 몰고 가 주십시오.

**22.** 싸움을 간절히 바라며 여기에 서 있는 저 전사들을 보게 해 주십시오. 제가 이 전쟁에서 누구와 맞서 싸워야만 합니까?

**23.** 저는 악한 마음을 지닌 두료다나(드리타라슈트라의 아들)를 기쁘게 하기 위해 싸우고자 하는 사람들(마음을 동요하게 하는 모든 것들)을 보고자 합니다.

### 산자야가 드리타라슈트라에게

**24.** 오, 드리타라슈트라시여! 구다케샤(타마스인 잠을 정복한 사람. 영적 공부에서는 늘 깨어 있어야 한다. 아르주나)의 요청을 받아들여 크리슈나는 양쪽 군대들 사이로 고귀한 전차를 몰고 갔습니다.

**25.** 비슈마, 드로나 그리고 왕들 앞에서 크리슈나는 말했습니다. "오, 파르타(흙으로 만들어진. 흙은 소멸한다. 다섯 원소들로 만들어진 몸은 필멸한다.)여! 여기에 모인 쿠루족 사람들을 보십시오."

**26.** 그러자 왕자는 양쪽 군대에서 아버지들, 할아버지들, 스승들, 삼촌들, 형제들, 아들들, 손자들, 장인들, 사랑하는 친구들을 알아보았습니다.

**27.** 쿤티의 아들이 이 모든 친족들을 보았을 때, 그는 깊은 연민(좋은 자질. 그러나 지금은 아니다. 전쟁이 일어나기 전 크리슈나는 전쟁을 피하기 위한 여러 명상법들을 알게 했다.)으로 가득 차서 절망적으로 다음과 같이 말했습니다.

# 아르주나가 슬픔의 말들을 하다.

**아르주나**

**28**. 오, 크리슈나, 크리슈나시여! 싸우려고 다가오고 있는 저의 이 친족들을 보니 무한한 연민에 가득 차서

**29**. 저의 팔다리는 힘이 없어지고, 입은 바짝 마르고, 제 몸은 떨리고, 제 피부의 모든 곳이 불타며, 제 머리카락들은 곤두서고, 저는 정신이 없습니다.

**30**. 제 활 간디바는 제 손에서 미끄러집니다. 저(무지인 자아가 우위에 있음을 볼 수 있다. 크리슈나는 아트마 갸나 즉 나 지식을 그에게 준다.)는 머리가 빙글빙글 돌아서 서 있을 수 없습니다.

**31**. 그리고 오, 케샤바시여! 저는 많은 불길한 징조들이 보입니다. 전장에서 제 친족들을 죽임으로써 무슨 좋은 것이 올 수 있는지 저는 이해하지 못하겠습니다.

**32**. 오, 크리슈나시여! 저는 승리도 왕국도 쾌락들도 바라지 않습니다. 오, 고빈다시여! 우리에게 왕권이 무슨 소용이 있습니까? 우리에게 즐거움이나 삶조차도 무슨 소용이 있습니까?

**33.** 우리가 왕권과 즐거움과 쾌락들을 찾으려는 것도 저들을 위해서인데, 오, 크리슈나시여! 전쟁에서 우리에 맞서 피와 부를 (버릴) 각오하고 여기에 서 있는데, 어떻게 제가 권력이나 즐거움, 심지어 저의 목숨까지도 신경 쓸 수 있겠습니까?

**34.** 스승들, 아버지들, 할아버지들과 아들들, 외삼촌들, 장인들, 손자들, 처남들과 다른 친척들이.

**35.** 모든 것을 아는 분이시여! 그들이 저를 죽인다고 할지라도, 어떻게 제(자신의 바사나들은 올 것이다. 올바른 때에 올바른 행위로 그것들을 태워야 한다.)가 그들을 해칠 수 있겠습니까? 저는 그것을 바랄 수 없습니다. 절대. 절대로. 그것이 세 개의 세상의 왕좌를 저에게 준다 해도 아닙니다. 하물며 이 땅의 왕권을 위해서는 말할 것도 없습니다.

**36.** 오, 모든 사람들의 기도를 듣는 크리슈나시여! 드리타라슈트라의 아들들을 죽이고 어떻게 우리가 행복을 바랄 수 있는지를 말해주십시오. 그들은 사악한 자들 중 가장 사악한 자들일 수도 있습니다. 그래도 우리가 그들을 죽인다면(그것은 자신의 의무) 우리의 죄가 더 큽니다.

**37.** 어떻게 감히 우리를 하나로 묶어주는 피를 우리가 흘릴 수

있습니까? 친족들을 살해하는 것, 그 어디에 우리의 기쁨이 있습니까
(아르주나의 자아는 계속된다.)?

# 전쟁의 죄악에 대한 아르주나의 슬픔

**38-39.** 그들의 지성은 탐욕으로 흐려져서 진실을 보지 못합니다. 그들은 피의 결속을 깨는 것을 악이라 보지 않으며, 동료에 대한 반역을 죄라고 보지 않습니다. 하지만 우리는 통찰력이 있고 흩어진 가문의 몰락을 살피면서 이 죄를 피해야 하지 않습니까? 오, 자나르다나시여!

**40.** 몰락한 가문에게 내려지는 운명이 무엇인지 우리는 압니다. 영원한 가정의 전통들(종교적 의식들)³은 잊혀지고, 악덕이 남은 것들을 썩게 합니다.

**41.** 여성들은 더럽혀지고 그들의 타락으로부터 카스트들이 뒤섞입니다. 오, 브리슈니의 후손이시여!

**42.** 혼동의 저주는 피해자들의 품위를 떨어뜨리고 파괴자들에

---

3  경전이 정한 바에 따라 가족이 행하는 의무들과 의식들.

게 천벌을 내립니다. 조상들에게 쌀과 물의 공물이 더 이상 제공되지 않습니다. 선조들 또한 천국의 집으로부터 명예가 실추됩니다.

43. 그것이 친족을 죽이는 자들의 운명입니다. 옛날 사람들, 신성한 사람들은 끊어지고 잊혀집니다.

44. 오, 자나르다나시여! 그것이 카스트 의식들이 없어 사라진 사람들의 운명입니다. 암흑, 의심 그리고 지옥은 영원합니다.

45. 아아! 제가 계획하고 있는 이 범죄는 무엇입니까? 오, 크리슈나시여, 가장 혐오스러운 살인, 형제들에 대한 살인! 제가 정말로 위대함에 대해 더 탐욕스럽지 않습니까?

46. 이것보다는 드리타라슈트라의 사악한 자식들이 그들의 무기를 가지고 와서 전투에서 저를 상대하게 하십시오. 저는 힘들여 싸우지 않을 것입니다. 저는 그들을 공격하지 않을 것입니다. 이제 그들이 저를 죽이게 두십시오. 그것이 더 나을 것입니다.

**산자야**
47. 아르주나는 이렇게 말하고 활과 화살을 전장의 한 가운데로 내던졌습니다. 그는 전차에 주저앉았고, 그의 가슴은 슬픔에 압도

당했습니다.

# 제2장
# 실재
## (진리, 나, 아트만, 신, 브람만, 지고의 공, 샹키야 요가)

## 아르주나의 나약함을 신께서 나무라다.

**산자야**

1. 연민에 휩싸여, 낙심한 아르주나는 마차 자리에 주저앉았습니다. 그의 비통한 눈에는 눈물이 가득 고였습니다. 악마 마두의 살해자이신 슈리 크리슈나는 그에게 말했습니다.

**크리슈나**

2. 아르주나, 이 전투의 시간이 양심의 가책과 공상을 위한 때인가? 깨달음을 추구하는 그대에게 그것들이 가치가 있는가? 명성이나 천국을 바라는 용감한 사람이라면 누구나 그것들을 경멸할 것이다.

3. 이 나약함은 무엇이란 말인가? 그것은 그대에게 맞지 않는

것이다. 사람들이 그대를 적을 정복하는 자라고 부르는 것이 아무것도 아닌 것인가? 이 비겁함을 떨쳐버려라. 일어나라.

## 아르주나가 신에게 가르침을 구하다.

**아르주나**

**4.** 오, 악마의 살해자이시여! 비슈마와 드로나는 나이가 많으며, 깊이 존경을 받아 마땅합니다. 어떻게 제가 전투에서 화살로 그들을 맞이할 수 있습니까?

**5.** 만약 그들을 죽인다면, 어떻게 제가 부나 다른 즐거움들을 누릴 수 있겠습니까? 그것은 모두 피의 죄로 저주받을 것입니다. 저는 차라리 그들을 살려주고, 거지의 빵을 먹을 것입니다.

**6.** 이 전쟁에서 이기는 것과 지는 것 중에서 어느 것이 더 나쁘겠습니까? 저는 전혀 모르겠습니다. 심지어 드리타라슈트라의 아들들조차도 적진에 서 있습니다. 우리가 그들을 죽인다면, 우리들 중 누구도 살기를 원하지 않을 것입니다.

**7.** 이것은 제가 느끼는 진짜 연민입니까, 아니면 단지 망상일 뿐

입니까? 저의 마음은 어둠 속에서 더듬거리며 다닙니다. 저의 의무가 어디에 있는지 저는 알지 못하고 있습니다. 크리슈나시여, 간청하건대 제가 무엇을 해야 할지 솔직하고 분명하게 말씀해 주십시오. 저는 당신의 제자입니다. 당신의 손에 저를 맡깁니다. 저에게 길을 알려주십시오.

**8.** 비길 데 없이 번영하는 이 세상의 왕국도, 천국에 있는 신들의 왕좌도 저의 감각들을 마비시키는 이 슬픔을 덜어줄 수 없습니다!

**산자야**

**9.** 적을 정복하는 자, 결코 나태하지 않은 자인 아르주나가 감각들의 지배자인 고빈다에게 이렇게 말하고는, 그는 "저는 싸우지 않을 것입니다."라고 덧붙이고 침묵했습니다.

**10.** 그러자 양측 군대 사이에서 이렇게 슬퍼하는 그에게, 크리슈나는 웃으면서 말했습니다. "오, 바라타의 후예여!"

# 아트만은 불멸이다. 아트만 지식만이 고통을 근절한다.

**크리슈나**

**11.** 아르주나! 그대의 말은 현명하지만, 그대의 슬픔은 아무 소

용이 없다. 진정으로 현명한 사람은 살아있는 사람들을 위해서도 죽은 사람들을 위해서도 슬퍼하지 않는다.[4]

12. 나도, 그대도, 이 왕들도 존재하지 않았던 때는 없었다. 우리가 존재하지 않을 미래도 없다.

13. 이 신체 안에 살고 있는 자가 어린 시절, 청년, 노년을 거치는 것처럼, 그는 단지 다른 육체로 옮겨간다. 현자들은 그것에 속지 않는다.

## 인내는 지혜의 조건이다.

**크리슈나**

14. 오, 쿤티의 아들아! 뜨거움과 차가움, 쾌락과 고통을 느끼는 것은 감각들이 그것의 대상들과 접촉함으로 인한 것이다. 그것들은 왔다가 가는 것이며, 결코 오래 지속되지 않는다. 그대는 그것들을 받아들여야 한다. 오, 바라타의 후예여![5]

---

4 나를 알지 못하는 사람은 환영의 지배를 받는다. 환영의 지배를 받는 사람은 경전과 영적 스승의 말들을 열심히 듣고 그리고 그런 가르침들을 명확히 이해하여 사물들의 성품을 탐구함으로써 올바른 지식을 얻게 될 것이다. 이것은 이 가르침이 어떤 부류의 사람들을 대상으로 말해지고 있는지를 보여 준다.
5 여기서 아르주나는 '쿤티의 아들'로, 다시 '바라타의 후예'로 불린다. 이것은 아버지와 어머

# 실재와 비실재

**15.** 오, 사람들 중 최고인 자여! 고요한 영은 쾌락과 고통을 동등한(차분한) 마음으로 받아들이고 그 어느 것에도 흔들리지 않는다. 그만이 불멸을 얻을 가치가 있다.

**16.** 비실재는 전혀 존재가 없고(존재하고 있는 것처럼 보이지만 언젠가 사라진다. 공), 실재(Sat, Being. 위대한 공에 대한 진리)는 전혀 비존재가 없다. 이 두 사실들(is와 is not)의 진리를 본 현자들은 지각한다.

**17.** 이 모든 곳에 스며들어 있는 것은 파괴될 수 없다는 것을 알라. 어느 누구도 그 불변의 것을 파괴할 수 없다.

**18.** 신체들은 죽는다. 그러나 신체에 머물고 있는 아트만은 영원하며, 파괴될 수 없으며, 헤아릴 수 없다. 그러므로 그대는 싸워야 한다. 오, 바라타의 후손이여!

---

니의 좋은 계통을 이은 그만이 홀로 가르침을 받기에 적합한 자임을 보여 주기 위한 것이다.

## 아트만은 행위와 관계가 없다.

**19.** 아트만을 죽이는 자라고 여기거나 아트만을 죽임을 당한다
고 여기는 사람 둘 다는 바르게 알지 못하고 있다. 아트만은 죽이지도
죽임을 당하지도 않는다.

## 아트만은 변화하지 않는다.

**20.** 이것은 태어나지 않고, 결코 죽지 않으며, 존재한 이후에
존재하기를 결코 그치지 않는다. 태어나지 않고, 영원하고, 불변하고,
원초적 존재인 이것이 신체가 죽을 때 죽을 수 있겠는가?

## 깨달은 사람은 행위들 너머에 있다.

**21.** (직접적인 인식이나 영적 경험을 통해) 변화하지 않고 파괴할 수 없는
아트만에 대한 깨달음을 얻은 성자가 어떻게 아트만을 죽이는 행위를
하거나, 다른 사람으로 하여금 아트만을 죽이게 하겠는가? 오, 프리타
의 아들이여!

# 아트만은 어떻게 불변하는가?

**22.** 사람이 낡은 옷들을 벗고 새 옷들을 입듯이, 몸을 지닌 아트만은 낡은 몸들을 버리고 새로운 몸들로 들어간다.

**23.** 무기들은 아트만을 자를 수 없고, 불은 아트만을 태울 수 없으며, 물은 그것을 적실 수 없으며, 바람도 그것을 말리지 못한다.

**24.** 아트만은 상처를 입지 않으며, 불에 타지 않으며, 물에 젖지 않으며, 바람에 마르지 않는다. 그는 영원하고, 만연하며, 변치 않고, 움직이지 않으며, 늘 지속하고 있다.

# 슬픔을 위한 여지는 없다.

**25.** 아트만은 비현현이고, 생각할 수 없고, 변할 수 없다고 말해진다. 아트만을 이와 같이 이해하고, 그대는 슬퍼하지 말라.

**26.** 하지만 아트만이 몸이 태어날 때마다 태어나고 몸이 죽을 때마다 죽는다고 가정하더라도, 그대는 이렇게 슬퍼할 필요가 없다. 오, 힘이 센 자여!

27. 태어난 자는 죽음을 피할 수 없고, 죽는 자에게는 태어남은 피할 수 없다. 그대는 피할 수 없는 것에 대해 슬퍼하지 않아야 한다.

28. 태어나기 전(다섯 원소들이 조합되어 몸이 만들어지기 전)에 존재하지 않으며 죽은 후(그것들이 다시 해체된 후)에도 존재하지 않는다. 중간에만 존재한다. 환영들에 불과한 이런 것들에 대하여 슬퍼할 이유가 어디에 있는가?

29. 아트만의 영광을 실제로 보는 이는 아주 적다. 그것을 설명하는 이도 소수이다. 설명을 듣는 이도 매우 적다. 설명을 듣지만 아무도 이해하지 못한다.

30. 생명체의 신체는 파괴될 수 있지만, 신체 안에 있는 아트만은 영원히 파괴되지 않는다. 그러니 그대는 누구에 대해서도 슬퍼해서는 안 된다.


## 주어진 의무는 해야 한다.

31. 싸우는 것은 크샤트리야의 의무이다. 그대는 그대의 의무에서 빗나가지 않아야 한다. 크샤트리야에게는 정의로운 전쟁보다 더

환영해야 할 것은 없기 때문이다.

32. 오, 프리타의 아들아! 만약 크샤트리야가 그러한 전쟁에서 싸우다 죽는다면, 그는 즉시 천국으로 간다.

33. 그러나 만약 그대가 이 정의로운 전쟁에서 싸우기를 거부한다면, 그대는 그대의 의무와 (쉬바로부터 천상의 무기를 얻은) 명예를 저버리는 것이다. 그래서 죄를 짓게 될 것이다.

34. 사람들은 대대로 그대를 흉볼 것이다. 명예를 소중히 여기는 사람에게 불명예란 죽음보다 더 치욕적이다.

35. 으뜸가는 전사들은 그대를 전장에서 몰아낸 것이 두려움이었다고 생각할 것이다. 지금까지 그들로부터 높은 명성을 지녔던 그대는 다시 그들의 눈에 보잘것없는 존재가 될 것이다.

36. 그대의 적들 또한 그대의 능력을 비웃을 것이다. 그들은 도저히 입에 담을 수 없는 말들을 퍼부을 것이다. 그것보다 더 견디기 어려운 고통이 무엇이겠는가?

37. 어느 경우든지 그대에게는 좋을 것이다. 죽으면 천국을 얻

을 것이다. 싸우면 땅을 누릴 것이다. 그러므로 오, 쿤티의 아들아! 확고한 결심을 하고서 일어나라.

38. 쾌락과 고통, 얻음과 잃음, 승리와 패배는 모두 하나이며 동일하다는 마음의 상태를 지니면서 싸운다면 그대는 어떤 죄도 지을 수 없을 것이다(행위의 결과들을 거두어들이지 않을 것이다.).


# 행위의 길

39. 나는 그대에게 영적 지식의 길(갸나 요가, 아트만의 내용을 다루는 요가)을 설명했다. 이제 행위의 길(자신의 일과 결실들을 신에게 드린다.)에 대해 들어보아라. 만약 그것을 이해하고 따를 수 있다면, 그대는 행위의 굴레들을 끊을 수 있을 것이다.


# 행위의 길은 안전한 방법이다.

40. 이 행위의 길에서는 실패한 시도조차도 헛되지 않는다. 또한 그것은 반대의 결과를 낳을 수도 없다. 이 행위의 길을 조금만 수행해도 (즉시 가슴을 정화시켜 주어) 그대는 재탄생과 죽음의 끔찍한 바퀴로부

터 구원받을 것이다.

## 확고한 한 생각을 지녀야 한다.

**41.** 오, 쿠루의 아들아! (나 깨달음의) 희열로 가는 이 길에서는 확고한 한 생각을 지녀야 한다 (이 지혜에 대한 진정한 욕망을 지닌 사람을 이 세상에서 찾기는 어렵다.). (영적 지식의 올바른 근원에서 나온) 분별력이 부족한 사람들은 끝없는 생각들을 일으킨다. 그래서 이 세상을 존재케 할 것이다.

## 세상적인 마음을 지닌 사람들은 진리를 얻을 수 없다.

**42-44.** 분별력이 부족한 현명하지 못한 사람들은 베다들의 행위의 장 즉 의식들을 하는 부분을 강조한다. 그들은 세상의 욕망들로 가득 차 있고, 천국의 보상에 대해 굶주려있다. 그들은 쾌락과 힘을 얻을 수 있는 그런 정교한 의식들을 가르친다. 하지만 그들은 사람들을 재탄생에 묶어두는 카르마의 법칙 외에는 아무것도 이해하지 못한다. 그런 말에 분별력을 빼앗긴 사람들은 신 즉 지고의 아트만에 관한 지혜가 생기지 않을 것이다. 오, 프리타의 아들아!

# 행위의 길을 걷는 사람들에 대한 조언

**45.** 베다들은 (자연의) 세 구나(속성)들을 다룬다. 오, 아르주나! 그대는 세 가지 구나들 너머에 있는 것이 좋다. (고통의 원인인) 상반되는 쌍들로부터 자유로워져라. 얻지 못한 것을 얻고자 열망하거나 이미 얻은 것을 지키려 하지 말라. 그러면 마음의 평화를 가질 수 없다. 평화가 없는 사람은 아트만에 집중하거나 명상할 수 없다.

## 깨달은 사람들은 경전들이 필요치 않다.

**46.** 모든 곳에 물이 차 있을 때 저수지가 소용이 없는 것처럼, 아트만을 깨달은 사람들에게는 베다들이 아무런 소용이 없다(행위에 적합한 사람들에게는 필요할 것이다.).

## 그대는 행위의 길에 적합하다.

**47.** (그대는 영적 지식의 길이 아니라 행위의 길에 적합하다.) 그대는 행위의 이행에 대한 권리는 가지고 있지만 행위의 결실들에 대한 권리는 결코 가지고 있지 않다. 행위의 결실들이 그대의 동기가 되어서는 안 된다

(그러면 굴레에 휘말려 재탄생을 하게 될 것이다.). (보상이 없다면 왜 행위를 해야 하는가 라고 생각하여) 또한 행위를 하지 않아도 안 된다.

**48.** 그대의 마음을 지고의 신에게 고정시킨 채 매 행위들을 하라. 결실들에 대한 애착을 버려라. 성공과 실패에 있어서 동등(차분)한 마음을 지녀라. 마음의 동등(차분)이 요가(최고의 사람들이 매우 높이 평가한다.)다.

**49.** 이기적 동기를 지니고 하는 보통의 행위는 지성(붓디)에 의하여 안내된 행위(차분한 마음으로 행해진, 보답에 대한 기대 없이 행해진)보다 훨씬 열등하다. 오, 다난자! 지성에 피난처를 구하라. 행위의 결실들을 즐기고자 행위를 하는 사람은 정말로 불쌍하다(그것들을 즐기려면 계속 태어나야 할 것이다.).

**50.** 지성을 지닌 사람은 이번 삶에서조차 천국이나 지옥으로 나아가게 하는 선(한 행위)과 악(한 행위), 둘 다로부터 자유로워진다. 그러므로 그대는 이 길(마음을 신에 두고, 지성과 연합한 행위의 요가에 이르는 것)에 전념하라. 마음을 신과 하나가 된 다음에 행위를 하는 것. 그것이 애착하지 않는 일의 비밀이다.

# 행위의 길의 결과들

**51.** 만약 어떤 사람이 결실들에 대한 갈망이 없이 신의 목적이 이루어지도록 신을 위해서 행위들을 한다면, 그는 탄생의 굴레들로부터 풀려나 희열의 상태 즉 불멸의 거처로 넘어간다.

**52.** 그대의 지성이 짙은 미혹 너머(아트만에 대한 깊은 그리고 완전한 지식)로 가면, 그대는 이미 들은 것(과거의 지식)이나 앞으로 듣게 될 것(미래의 지식)에 대해 무심해질 것이다.

**53.** 지금 그대의 지성은 경전들에 대한 충돌하는 견해를 듣고서 혼란스러워하고 있다. 그대의 지성이 사마디(신성 깨달음, 초 의식, 나 깨달음)에 단단히 닻을 내릴 때, 그때 그대는 최종적인 결합을 얻은 것이다.

# 완벽한 현자들의 삶의 모습들

**아르주나**

**54.** 오, 케사바시여! 자신이 지고한 신이라는 확고한 확신을 가져, 늘 신에 흡수되어(사마디에) 있는 사람을 어떻게 구별할 수 있습니

까? 깨달은 영혼은 어떤 식으로 말합니까? 그는 어떻게 앉습니까? 그는 어떻게 걷습니까?

**크리슈나**

55. 그는 아트만 안의 희열을 알고 다른 것은 아무것도 원하지 않는다. 욕망들은 가슴을 괴롭힌다. 그는 욕망들을 포기한다. 나는 그를 깨달은 사람이라고 부른다.

56. 역경(질병이나 장애로 일어나는, 천둥이나 번개나 폭풍이나 홍수로 일어나는, 맹수로부터 오는 세 유형이 있음)에서도 교란되지 않고, (자신이 부유한 환경에 있더라도) 즐거움들을 더 욕망하지 않는다. 두려움이 없고, 분노가 없고, 애착의 대상들이 없다. 나는 그를 깨달은 사람이라고 부른다.

57. 그는 혈육의 속박들을 깬다. 그는 운이 좋아도 기뻐하지 않고 운이 나빠도 슬퍼하지 않는다. 나는 그를 깨달은 사람이라고 부른다.

58. 거북이는 자신의 사지들을 끌어당길 수 있다. 그는 자신의 감각들을 끌어당길 수 있다. 나는 그를 깨달은 사람이라고 부른다.

59. 감각 쾌락의 대상들을 삼가더라도 그들은 그것들에 대한

미세한 욕망들을 가지고 있다. 지고의 존재(실재)를 보면, 미세한 욕망들도 그친다.

## 억제되지 않은 감각들은 해악을 끼친다.

**60**. 오, 쿤티의 아들아! 감각들은 너무나 강력하다. (그것들을 통제하려고) 노력해도 구도자의 마음을 강력한 힘으로 휩쓸어버린다.

**61**. 하지만 요기는 최고의 목표로 나를 명상함으로써 감각들을 통제하기를 배워야 한다. 나는 감각들을 통제하기를 배운 사람을 깨달은 사람이라고 부른다.

**62**. 마음이 감각 대상들에 머물면, 그때는 그것들에 대한 애착이 생긴다. 애착이 생기면, 욕망이 일어난다. 욕망이 좌절될 때, 그것은 분노로 바뀐다.

**63**. 분노하면 마음이 혼란스러워진다. 마음이 혼란스러워지면, 그는 경험의 교훈(기억)을 망각한다. 경험의 교훈을 망각하면, 그는 분별력(이성)을 잃는다. 분별력을 잃으면, 그는 삶의 유일한 목적을 잃는다(몰락한다.).

**64**. 그러나 감각들을 통제하여 좋아함과 싫어함이 없이 피할 수 없는 감각 대상들에게만 다가가야 한다. 그러한 사람은 평화를 얻는다.

**65**. 가슴이 이 평화를 얻을 때 모든 슬픔은 끝이 난다. 그러한 고요한 사람의 이성(붓디)은 아트만의 지혜에 자리를 잡는다.

**66**. 감각들을 통제하지 못한 마음에는 아무런 붓디가 없다. 어떻게 그 마음이 아트만을 명상할 수 있겠는가? (아트만에 대한 바람은 결코 일어나지 않는다.) 아트만을 명상하지 않는 사람에게 평화는 없다. 평화가 없는 사람에게 어떻게 행복이 있을 수 있겠는가?

## 감각들의 통제는 영적 지식으로 나아가게 한다.

**67**. 강한 바람은 배의 항로를 벗어나게 한다. 그처럼 감각들 중 어느 하나에라도 마음이 떠내려가게 두면, 그것은 그 사람의 분별력(이성)을 앗아갈 수 있다.

**68**. 그러므로 오, 강한 자여! 감각들이 완전하게 통제될 때, 마음은 이제 감각 대상들의 숲속을 더 이상 방랑하지 않을 것이다. 이제

그의 아트만에 대한 지식은 흔들리지 않을 것이다.

## 세상은 현자들에게는 꿈에 불과하다.

**69.** (세상적인 마음의 사람들은 나에 대한 아무런 지식이 없기 때문에 완전한 어두움에 있다.) 그들에게 밤인 것이 현자들에게는 낮이다. 그들에게 낮(감각들의 삶)인 것이 현자들에게는 밤(환영)이다.

**70.** 물이 사방에서 흘러 들어와도 거대하고 깊은 바다는 늘 변함이 없이 있는 것처럼, 아트만에 있는 현자는 온갖 욕망들이 들어와도 평화에 있다. 감각 대상들을 욕망하는 사람은 결코 평화를 얻지 못한다.

**71.** 모든 욕망들을 잊은 사람은 평화에 이른다. 애착이 없이, 나의 것이라는 것이 없이, 자아가 없이 산다.

**72.** 이것이 신의(신성한) 경지이다. 오, 프리타의 아들아! 이 경지에 이른 사람은 다시 미혹에 떨어지지 않는다. 만약 그가 죽음의 순간에 조차라도 이 상태에 머문다면 그는 해방(신의 희열)을 얻는다(자신의 온 삶 동안에 신에 자리 잡은 사람이 신의 상태를 얻는다는 것은 말할 필요조차도 없다.).

# 제3장
# 행위의 길

## 아르주나의 혼란: 영적 지식과 행위 중 어느 것이 더 나은가?

**아르주나**

1. 하지만 오, 자나르다나시여! 당신께서는 영적 지식이 행위보다 더 우수하다고 가르치십니다. 오, 케샤바시여! 그런데 왜 당신께서는 저에게 이런 끔찍한 행위를 하라고 말씀하시는 것입니까?

2. 당신의 말씀들은 서로 모순되는 것 같습니다. 그것들은 저의 지성을 혼란스럽게 하십니다. 제가 최종적인 (해방의) 희열을 얻을 수 있는 하나의 확실한 길을 말씀하여 주십시오.

## 영적 지식과 행위의 길

크리슈나

**3.** 이 세상의 처음에 나는 깨달음을 얻을 수 있는 두 길들을 말했다. 오, 죄 없는 이여! 영적 지식의 길(예리하고, 아주 지적이고, 대범한 이해를 지닌 자에게 맞는, 제2장 11-38 수트라)과 행위의 길(가슴을 정화시켜 지식의 길을 갈 수 있도록, 제2장 40-53 수트라)이다.

## 행위의 길은 행위로부터 자유로 나아가게 한다.

**4.** 아트만 지식이 수반되지 않고 단지 행위들을 포기하는 것만으로는 아무도 완성(행위로부터 자유, 아트만의 상태)에 이를 수 없다.

## 무지한 사람들은 자연에 의해 흔들린다.

**5.** 사실 아트만(자연의 구나들 너머에 있다.)에 대한 지식이 없는 보통의 사람들은 잠시 동안일지라도 행위를 하지 않고 있을 수 없다. 그들은 어쩔 수 없이 자연에서 나온 구나들(속성들인 삿트와는 조화와 빛과 순수의 내용. 라자스는 열정과 움직임의 내용. 타마스는 무기력과 어두움의 내용. 삿트와는 해방에 이르는데 도움이 되며, 라자스와 타마스는 세상에 묶이게 한다.)에 의해 행위 하도록 강요 당한다.

# 깨닫지 못한 사람은 행위의 길을 포기하지 않아야 한다.

**6.** 행위의 기관들은 행위를 하지 않고 있지만 마음으로는 감각의 대상들을 생각하면서 앉아 있는 사람은 자신을 속이고 있다. 그는 위선자이다.

**7.** 그러나 오, 아르주나! 마음으로 감각들을 통제하면서 행위의 결실들에 대한 기대 없이, 자아 없이 행위의 기관들로서 행위를 한다면, 그는 위선자들보다 진정 더 훌륭하다.

**8.** 주어진 의무를 행하라. 행위는 무행위보다 낫다. 더구나 행위 없이는 그대의 신체를 유지하는 것도 가능하지 않다.

**9.** 희생(숭배. 순수한 동기 혹은 얏냐, 즉 신을 위하여 하는)으로 행해질 때를 제외하고는, 이 세상의 사람들은 행위로 묶인다. 따라서 오, 쿤티의 아들아! 그대는 모든 행위들을 희생으로 해야 한다.

**10.** 창조주는 처음에 각자에게 의무를 주면서 인류를 창조했다. 그는 말했다. "이것을 하라. 그러면 너희는 번성할 것이다. 의무를 다하는 것은 소원을 이루어주는 카마데누(인드라의 소)처럼 되어 바라는 대상들을 이루어준다."

**11.** 이러한 희생으로 너희는 데바(우주적 일을 하고 있는 빛나는 존재)들을 기쁘게 한다. 데바들 또한 너희를 풍요롭게 할 것이다[6]. 서로를 풍요롭게 함으로, 그대는 최고의 선을 얻을 것이다(적당한 때에 신에 대한 지식이나 천국에 이를 것이다.).

**12.** 데바들을 기쁘게 하라. 그대의 기도는 허락될 것이다. 하지만 감사를 표하지 않고 데바들이 주는 것을 즐기기만 하는 사람들은 데바들로부터 도둑질을 하고 있다.

**13.** 희생(신들에게 희생을 바친 뒤) 후 남은 것을 먹는 의로운 사람들은 모든 죄들로부터 풀려난다. 그러나 자신만을 위해서 요리하는 죄스러운 사람은 정말이지 죄를 먹는다.

**14.** 음식으로부터 모든 존재들이 생겨난다. 비로부터 음식이 자란다. 비는 희생과 봉사에서 나오는 생명의 물이다. 숭배는 행위를 함으로 생긴다.

**15.** 행위의 기원은 브람마(프라크리티)에 있음을 알라. 브람마는 불멸의 존재인 신으로부터 나온다(일어난다). 그러므로 모든 것에 만연

---

6  천상에 있는 신들과 이 지상에 있는 사람들이 우주의 조화를 유지하기 위한 신성한 계획을 이루기 위하여 서로 돕는다.

하고 있는 신은 영원히 희생에 자리하고 있다.

16. 모든 생명들은 이 법칙에 의존하고 있다. 만약 사람이 세상에서 움직이고 있는 바퀴를 따르지 않고, 감각들에만 기뻐하며 사는 사람들은 죄에 있다. 그의 삶은 헛되다.

## 행위의 길은 진리를 아는 사람들을 위한 길이 아니다.

17. 아트만을 깨달은 사람은 항상 만족한다. 그는 기쁨과 충족의 근원을 발견했다. 그는 해야 할 의무들이 도무지 없다.

18. 그때 그는 드디어 행위를 통해 얻을 것이 없으며, 행위를 하지 않음으로 잃을 것이 없다. 그는 이루어야 할 목표가 없기에 누구에게 의존하는 일도 없다.

## 행위의 길에 적합한 아르주나

19. (그대는 모든 곳에 가득 차 있는 큰물에 이르지 않았다.) 그러므로 애착이 없이 그대에게 주어진 의무를 항상 하라. 애착이 없이 신을 위하여 행

위를 함으로 사람은 목샤에 이른다.

## 현자들은 대중에게 모범을 보여주어야 한다.

**20.** 자나카 왕과 다른 이들이 행위만으로 아트만에 대한 완전한 지식에 이르렀다. 그렇지만 그들은 대중들에 대한 본보기를 세우기 위해서 행위들을 했다.

**21.** (사람은 사회적 동물이다.) 위대한 사람이 무엇인가를 하면, 보통 사람들도 따라 한다. 그가 세운 본보기를 세상 사람들은 따른다.

**22.** 오, 프리타의 아들아! 나를 생각해 보라. 나는 우주의 주인이다. 따라서 나는 행위를 해야 할 필요는 없다. 나는 세 세상들에서 얻어야 할 것이 아무것도 없다. 그럼에도 불구하고 나는 계속해서 행위를 한다.

**23.** 내가 행위를 멈추면, 사람들 역시 나를 모방할 것이다. 오, 프리타의 아들아!

**24.** 내가 행위를 멈추면 어떻게 될 것 같은가? 그들은 모두 길

을 잃을 것이다. 그 결과는 창조물들의 파괴가 될 것이다.

## 무지한 사람들의 행위와 대조되는 현자들의 행위

**25.** 무지한 사람들은 결실들을 기대하면서 행위를 한다. 오, 바라타! 아트만을 아는 현자들은 사람들의 발이 자신의 의무의 길을 향하도록 하면서 일을 해야 한다. (그러면 그들은 가슴이 정화되어 때가 되면 평화를 얻을 것이다.)

**26.** (무지한 사람들은 나는 이 행위를 하고 행위의 결실을 즐길 것이라고 생각한다.) 현명한 사람들은 행위들에 굶주린 무지한 사람들의 마음을 어지럽히지 않도록 조심하라. 일하는 사람의 가슴이 가장 높은 것에 고정되었을 때 일이 얼마나 신성한지 그들에게 본보기를 보여주라.

**27.** 모든 행위들은 실제로 구나들(세 구나의 균형이 교란되었을 때 창조가 시작이 된다. 그래서 몸, 감각들, 마음 등이 만들어진다. 자아로 미혹된 사람은 아트만을 몸, 마음, 생명의 힘, 감각들과 동일시한다.)에 의하여 일어난다. 그러나 자아로 마음이 흐려진 사람들은 "나는 행위자다."라고 생각한다.

**28.** 오, 힘이 센 자여! 구나(에너지)들의 종류와 그들 각각의 기능

을 잘 아는 사람은 아트만이 아니라 감각 기관들로서의 구나들이 감각 대상들로서의 구나들 사이에서 움직인다고 본다. 그렇게 생각하므로 그는 행위들에 대한 어떤 애착도 갖지 않는다.

29. 어리석은 사람들은 "우리는 그 결실을 위해 행위를 한다."고 믿는다. 행위에 애착하는 이 사람들은 오직 그들이 한 행위의 결실만을 목표로 삼는다. 모든 것 곧 아트만을 아는 사람은 스스로 그런 사람들을 동요시키지 않아야 한다. 즉, 그들의 확신을 어지럽히지 말아야 한다.

## 해방을 열망하는 사람은 어떻게 행위를 해야 하는가?

30. "나는 신을 위하여 모든 행위들을 한다."라고 생각하면서 나에게 모든 행위들을 바쳐라.

31. 트집 잡지 않고 완전한 믿음으로 나의 이 가르침을 항상 행하는 사람은 행위의 굴레를 벗어나게 된다.

32. 그러나 나의 가르침에 투덜거리고, 그것을 행하지 않는 사람들은 아무 분별력이 없는 사람으로 알라. 그는 파멸한다.

## 행위에 미치는 인간의 성품의 영향

**33.** 현명한 사람조차도 그 자신의 물질적 성품에 따라 행위한다. 모든 살아있는 존재들은 자신의 물질적 성품을 따른다. 강제로 금지하는 것이 무슨 소용이 있겠는가? (개인적인 노력의 여지가 없는 듯이 보인다. 다음 수트라를 보면 그렇지 않다.)

## 개인적인 노력의 여지

**34.** 감각들이 감각의 대상들에 대한 애착과 혐오는 자연스럽다. 그러나 그대는 그런 느낌들에 굴복해서는 안 된다. 그것들은 그대의 적들이다.

**35.** 다른 사람의 의무를 잘하는 것보다는, 이점이 없더라도 자신의 의무를 하는 것이 더 좋다. 자신의 의무를 다하다 죽는 것이 좋다. 다른 사람의 의무를 하면 위험하다. (자신의 가능성을 나타나게 하지 않는다. 지옥으로 가게 한다.)

# 욕망은 인간의 적이다.

**아르주나**

**36**. 그러나 오, 바르슈네야시여! 자신의 바람에 반하여 마치 힘에 강제된 듯, 사람이 죄를 범하게 하는 것은 무엇입니까?

**크리슈나**

**37**. 그것은 라자스 에너지로부터 생긴 욕망과 분노이다. 그것은 모든 것을 삼키고 죄로 가득하다. 이것들은 이 세상의 여기에 있는 그대의 적이다.


# 욕망은 진리를 덮고 있다.

**38**. 불이 연기로 싸여 있듯이, 거울이 먼지를 쓰고 있듯이, 태아가 자궁으로 감싸여 있듯이, 아트만은 욕망으로 덮여 있다.

**39**. 오, 쿤티의 아들아! 아트만은 인류의 영원한 적인 탐욕스럽고 만족할 줄 모르는 욕망으로 덮여 있다.

## 욕망의 자리

**40**. 그것이 자리하는 곳은 감각들(보거나 들음으로 욕망이 일어난다.), 마음(그것들을 생각함으로) 그리고 지성(식별)이다. 그러면 이것들은 자신의 지혜를 가려 그 신체의 거주자를 미혹시킨다.

## 욕망을 없애는 방법

**41**. 그러므로 오, 바라타족의 최고인 자여! 먼저 감각들을 통제하라. 그다음에 그대는 지식과 아트만의 깨달음을 오지 못하게 하는 욕망이라는 이 사악한 적을 내버려라(없애라. 죽여라).

**42**. 감각들은 감각 대상들보다 더 뛰어나고, 마음은 감각들보다 더 뛰어나고, 지성은 마음보다 더 뛰어나다고 한다. 지성보다 더 뛰어난 것은 무엇인가? 아트만(절대적 목격자, 절대적 의식)이다.

**43**. 그대는 지성보다 더 우수한 것(아트만)을 알았으니, 아트만으로 그대의 자아를 다스려라. 그런 다음 욕망의 형태를 하고 오는 이해하기 힘든 그대의 적을 무너뜨려라.

# 제4장
# 영적 지식(갸나)의 길

## 영적 지식의 길의 전통

**크리슈나**

1. 적을 정복하는 자여! 나는 이 불멸의 요가(이것을 얻으면 그는 불멸이 된다.)를 비바스와트(태양의 신)에게 가르쳤고, 비바스와트는 그것을 마누에게 가르쳤고, 마누는 그것을 익슈와쿠(마누의 아들)에게 가르쳤다.

2. 그래서 왕실의 현자에게서 왕실의 현자에게로 전해졌다. 하지만 시간이 오래 경과되자 이 길은 사라졌다. 오, 적을 물리치는 자 아르주나!

3. 그대는 나의 헌신자이자 벗이기 때문에, 오늘 나는 이 고대의 그리고 비밀스러운 길을 그대에게 가르치고 있다.

# 신의 화신들

**아르주나**

4. 비바스와트는 당신보다 오래전에 태어났습니다. 그런데 당신께서 이 길을 처음으로 그에게 가르치셨다는 말씀이 어떻게 가능하겠습니까?

**크리슈나**

5. 오, 아르주나! 그대와 나는 많은 탄생들을 가졌다. 나는 그것들 모두를 안다. 그대는 (제3의, 즉 직관의 눈이 열리지 않아) 알지 못한다. 오, 적들을 괴롭히는 자여!

6. 나는 탄생이 없는 자, 변하지 않는 자이며, 숨 쉬는 모든 것들의 지배자이다. 나는 태어난 것처럼 보인다. 나의 불가해한 힘인 마야(프라크리티)를 통해 나는 존재 안으로 나타난다.

# 신의 화신의 목적

7. 오, 바라타! 옳음(다르마)이 쇠퇴하고 올바르지 않음(아다르마)이 만연할 때, 나는 나 자신에 신체를 부여하여(마야를 통해) 화신으로 나타

난다.

8. 선한 사람들을 보호하고 악한 사람들을 멸하기 위하여 그리고 다르마를 세우기 위하여 나는 대대로 존재 안에 태어난다.

9. 나의 신성한 탄생과 행위(그는 다섯 원소들로 된 물질이 아니라 의식으로 가득하며, 늘 행위 너머에 있다. 이것을 아는 사람은 아트만 지식에 있다.)를 아는 사람은 이 신체를 떠나면 다시 태어나지 않는다. 오, 아르주나! 그는 나에게로 온다.

## 영적 지식의 길은 해방에 이르게 하는 유일한 수단이다.

10. 그는 애착으로부터, 욕망과 분노로부터 달아나, 그의 안전한 안식처인 나 안에 숨는다. 내 존재의 불길에 깨끗이 타버린 많은 사람들이 나의 집에 이르렀다.

## 세상의 유익과 구원을 주시는 신

11. 사람들이 무엇을 바라든 나는 그들이 바라는 것을 준다. 사

람들이 가는 모든 길이 나의 길이다. 그들이 어떤 곳을 걷든 그것은 나에게로 이어진다. 오, 프리타의 아들아!

12. 행위에서의 성공을 바라는 사람들(그들은 하나로 있는 나를 보지 못하고 다양성을 본다. 그래서 그들은 다양한 물질적인 것들을 원한다.)은 데바들(신을 대신하여 물질을 관리하는 빛의 존재들. 그들은 깨달음을 얻은 존재들은 아니다.)을 숭배한다. 물질적 성공은 이 땅에서 행위를 하면 쉽게 얻어질 수 있다.

## 네 가지 질서는 신이 만든 인간의 제도이다.

13. 사회의 네 가지 질서는 구나와 카르마에 따라 나에 의해 만들어졌다. 나는 행위를 초월하고 변화가 없다는 것을 알라.

14. 행위들은 나를 오염시킬 수 없으며, 나는 또한 행위의 결실들도 바라지 않는다. 나를 이렇게 아는 사람은 행위에 묶이지 않는다. 결코 자신의 행위들의 노예가 되지 않을 것이다.

15. 옛날 사람들아 행위를 한 것처럼 그대도 행위를 하라. 가만히 앉아 있거나 행위를 포기하지 말라. 만약 그대가 무지하다면, 자아를 정화하기 위하여 행위를 하라. 만약 그대가 현명하여 진리를 깨달

았다면, 대중을 보호하기 위하여 행위를 하라.

# 행위와 무행위란?

**16.** 무엇이 행위인가? 무엇이 무행위인가? 현명한 사람들조차도 이 질문에는 당황하였다. 그러므로 나는 그것들에 대하여 그대에게 말해주겠다. 그것을 알면, 그대는 세상(삼사라)의 악에서 놓여날 것이다.

**17.** 경전에서 명하는 행위, 금하는 행위 그리고 무행위를 알아야 한다. 행위의 내용은 이해하기 무척 어렵다.

**18.** 행위(보통의 의미에서는 행위는 손과 발들을 움직이면 행위를 하고 있고, 움직이지 않으면 행위를 하지 않은 것으로 이해한다. 삼사라에 묶이게 하는 것은 행위자이다. 이 생각이 사라진다면, 행위는 전혀 행위가 아니다. 그것은 사람을 삼사라에 묶지 않는다. 이것이 행위에서 무행위이다. 자연의 활동들을 보는 자. 고요한 목격자로 있는 것이다. 자연이 모든 일을 한다. 나는 행위자가 아니다. 만약 자신을 행위 없는 아트만과 동일시한다면, 아무리 많은 행위들을 하더라도 그것은 전혀 행위가 아니다. 나 깨달음을 얻을 때, 탄생과 죽음의 원인인 이 무지가 사라진다.)에서 무행위(행위 없는 아트만 즉 의식으로 있는. 자연이 행위를 한다.), 그리고 무행위에서 행위를 보는(보통의 사람들은 몸은 조용히 있을지라도,

마음은 움직인다.) 사람은 사람들 중에서 현명하다. 그는 행위를 하고 있을 때조차도 아트만의 고요를 유지한다.

## 누가 현자인가?

**19.** (지칠 줄 모르게 행위를 하지만) 하는 행위들에서 행위의 결실들에 대한 바람이 없고, 그의 행위들이 영적 지식의 불길로 타버린 사람(마음이 '나는 이 행위를 할 것이다. 나는 내가 시작한 것을 끝낼 것이다.'라는 생각들로 오염되지 않는 사람)은 인간의 모습을 하고 있는 신이다.

## 대중에게 본보기가 되는 현자의 세상의 행위

**20.** 그의 행위는 그에게서 떨어져 나갔고, 행위의 사슬은 아트만의 지식의 불길에 녹아내려 끊어졌다. 그는 결실들로부터 얼굴을 돌렸다. 그는 아무것도 필요로 하지 않는다. 아트만으로 충분하다. 그는 행위 하며, 행위 너머에 있다.

## 몸을 유지하기 위한 현자의 행위

**21.** 그는 바라지 않으며, 욕망하지 않으며, 몸과 마음에 굴레를 씌워, 어떤 것도 그 자신의 것이라 부르지 않는다. 그는 행위를 하지만, 악을 얻지 않는다.

**22.** 그는 무엇이 오든 만족한다. 그는 상반되는 쌍 너머로 갔다. 부러움이 없고, 성공과 실패를 똑같이 본다. 그는 자신의 행위의 결과들에 애착되지 않는다.

## 현자의 세상의 행위들은 그를 구속하지 않는다.

**23.** 속박들이 깨지면 깨달음을 얻은 그의 가슴은 신으로 고동친다. 그의 모든 행위는 신에 대한 숭배이다. 그런 행위들이 악을 가져올 수 있는가?

## 영적 지식의 희생

**24.** 오, 아르주나! 모든 행위들이 신이라는 것을 이해하는 사람

은 비록 행위들을 할지라도, 그는 행위의 끈들로부터 자유로워진다.[7]

# 희생들은 행위로 효과가 얻어진다.

**25.** 어떤 요기들은 데바들만 숭배한다. 어떤 이들은 아트만의 은총으로 아트만과 신의 동일성에 대하여 명상할 수 있다. 이들에게는 아트만이 공물이고 신은 그것이 바쳐지는 숭배의식의 불이다.

**26.** 어떤 이들은 항상 감각들을 억제한다. 그들은 그들의 감각들을 아트만의 안내 아래에 두고는 감각 대상들과의 접촉을 허락하지 않는다. 이것 역시 숭배의 행위이다. 다른 이들은 감각들을 순수하고

---

7  슈리 라마크리슈나는 그의 제자들에게 다음의 이야기를 들려주었습니다. 어떤 마을에 아주 경건한 영혼을 가진 직공이 살고 있었습니다. 손님이 그에게 천의 가격에 대해 물으면, 그는 분명하게 비용과 이윤을 나누곤 했습니다. 사람들은 직공에 대한 믿음을 가지고 있어서 그의 손님들은 절대 그와 흥정하려 하지 않았습니다. 어느 늦은 밤 그는 집 앞에 앉아서 라마에 대해 생각하고 있었습니다. 그때 한 무리의 강도들이 그 길을 지나가게 되었습니다. 그들은 훔친 물건들을 나를 사람을 찾고 있었고 직공을 보고는 그의 머리 위에 짐을 올리고는 그에게 그것들을 옮기라고 명령했습니다. 갑자기 경찰이 그 자리에 도착했고, 그들을 보고 강도들은 재빨리 빠져나갔습니다. 훔친 물건들을 머리에 이고 있던 직공은 붙잡혔습니다. 다음 날, 치안판사 앞에 불려갔을 때 그 직공은 말했습니다.
“재판장님, 라마의 의지에 따라 저는 어젯밤 늦게까지 깨어서 집 밖에 앉아있었습니다. 라마의 의지에 따라 저는 라마에 대해 생각하고 있었습니다. 라마의 의지로 한 무리의 강도들이 그 길을 지나갔습니다. 그들은 라마의 의지로 집에서 강도짓을 저질렀고 훔친 물건들을 제 머리에 얹었습니다. 바로 그때, 라마의 의지대로, 경찰들이 와서 그들을 보았고, 라마의 의지대로 강도들은 도망갔습니다. 라마의 의지대로 경찰들은 저를 체포했습니다. 오늘 아침, 라마의 의지대로 저는 당신 앞에 불려왔습니다.”
치안판사는 그 직공이 경건한 사람이라는 것을 깨닫고 그의 석방을 명했습니다. 돌아오는 길에 직공은 그의 친구들에게 라마의 의지대로 그는 풀려났다고 말했습니다.

금지되지 않은 감각 대상들에게만 향하게 한다.


27. 어떤 이들은 자신의 마음을 아트만 즉 신에 집중할 때, 감각들과 호흡은 기능하기를 멈춘다. 감각들과 호흡은 그것들의 원인인 아트만 안으로 흡수된다.


28. 어떤 이들은 자선으로 물질적 부를 나누고, 다른 이들은 고행들을 하고, 어떤 이들은 라자 요가 수행을 하고, 어떤 이들은 경전들을 공부한다. 그들은 이러한 것들을 희생으로 바친다.


29. 프라나야마 즉 호흡의 과정을 통제하려는 사람들도 있다. 어떤 사람들은 내쉬는 호흡을 들이쉬는 호흡에, 들이쉬는 호흡을 내쉬는 호흡에 바치기도 한다. 또 어떤 이들은 호흡의 멈춤(쿰바카)을 수행하기도 한다. (프라나를 통제하면, 마음과 지성과 감각들이 기능하기를 멈춘다.)


30. 음식을 절제하는 이들도 있다(행위의 기관들이 약해짐으로 열정들과 식욕들이 통제된다.). 이 모든 이들은 희생의 의미를 안다. 희생을 통해 그들의 죄는 타 없어진다.


31. 그들은 위에 언급된 희생들을 하여 마음이 정화되어 아트만 지식을 얻은 후 이윽고 영원한 신에게로 간다. 오, 쿠루족의 최상인

자여! 이것들 중 어느 하나도 하지 않는 사람은 이 비참한 세상에서조차도 적합하지 않다. 그런데 그가 이보다 더 나은 세상에 이르겠다고 희망할 수 있겠는가?

32. 여러 희생들이 경전들에 기록되어 있다. 그것들 모두는 (몸과 감각들과 마음의) 행위에서 나온 것이다. 아트만은 행위 없이 있다. 이것을 앎으로 그대는 이 지식으로 삼사라의 굴레로부터 틀림없이 해방될 것이다.


## 영적 지식의 희생은 다른 희생들보다 우수하다.

33. 오, 적들을 괴롭히는 자여! 물질로 하는 희생(물질적인 효과를 낳는다. 가슴을 정화시켜 아트만의 지식이 동트게 한다.)보다 지식의 희생이 더 우수하다. 오, 프리타의 아들아! 모든 여러 희생 행위들의 목표는 해방(아트만에 대한 지식)이다.


## 어떻게 그리고 어디에서 영적 지식을 구해야 하는가?

34. 이것을 알라! 겸손하게 엎드려 절하고, 질문하고, 제자로서

섬긴다면, 진리를 깨달은 지식의 사람들이 그대에게 (아트만의) 지식을 가르쳐줄 것이다.

35. 아트만의 지식을 얻으면, 그대는 다시는 미혹에 떨어지지 않을 것이다. 그 지식의 빛 속에서, 그대는 모든 존재들이 아트만 안에 그리고 지고의 신인 나 안에 있음을 볼 것이다.

## 모든 죄들과 행위들을 없애는 영적 지식

36. 그리고 비록 그대가 가장 사악한 죄인일지라도, 이 아트만 지식의 뗏목이 그대를 모든 죄들의 바다 너머로 옮길 것이다.

37. 오, 아르주나! 타오르는 불길이 나무를 재로 바꾸듯이, (아트만) 지식의 불은 모든 행위들을 재로 만든다(행위들을 무력하게 한다.).

38. 이 세상에는 지식만큼 더 정화해 주는 것은 없다. 사람이 행위의 길과 명상의 길을 항상 행하여 완벽해질 때, 조만간 자신 안에서 아트만의 지식을 발견할 것이다.

# 영적 지식을 얻는 가장 확실한 방법들

**39.** 믿음과 집중력이 있고, 자신의 감각들을 정복한 사람은 지식을 얻는다. 지식을 얻으면 그는 곧 지고한 평화(니르바나)를 얻는다.

## 의심을 사라지게 하는 영적 지식

**40.** 무지하고(아트만을 알지 못하고), (스승의 말과 가르침들에) 믿음이 없고, 의심으로 가득 찬 사람은 몰락한다. 의심하는 사람은 이 세상에서도 행복하지 않고, 다음 세상에서도 행복하지 않다.

**41.** (아트만을 깨달아) 모든 행위들을 포기했고, (아트만과 신이 하나라는) 지식에 자리를 잡을 때, 자신의 모든 의심들이 산산이 부수어진다. 행위들이 지식의 불에 타버리고 그래서 항상 자신을 지켜보는 사람의 경우에는 행위들이 그를 묶지 못한다. 오, 다난자!

**42.** 여전히 나는 의심을 볼 수 있다. 무지로 생겨 그대의 지성 깊은 곳에 머무르고 있는 의심. 그대는 살아있는 아트만에 대한 진리를 의심한다. 그대의 분별력의 검은 어디에 있는가? 그것을 뽑아 의심을 산산조각 내라. 그런 다음 오, 바라타의 후예여! 일어나라. 행위의

요가에 헌신하라.

# 제5장
# 행위의 포기의 길

## 무지한 사람에게는 행위의 길과 행위의 포기의 길 중 어느 것이 더 나은가?

**아르주나**

1. 오, 크리슈나시여! 당신은 행위의 포기에 대해 대단하게 말씀하십니다. 하지만 저에게 행위의 요가를 따르라고 요구하십니다. 이제 정확히 말씀해주십시오. 어느 것이 더 낫습니까?

## 무지한 사람들에게는 행위의 포기의 길보다 행위의 길이 더 낫다.

**크리슈나**

2. 행위의 포기와 행위의 길 둘 다 해방으로 나아가게 한다. 그

러나 둘 중에서 행위의 길이 지식을 동반하지 않는 행위의 포기보다 더 낫다.

**3.** 진정한 포기자(산야사)는 (자신에게 고통을 주는 것들을) 싫어하지 않고 (즐거움을 주는 것들을) 바라지 않는다. 그와 같은 이원성들로부터 자유로운 사람은 굴레로부터 쉽게 자유로워진다. 오, 강한 자여!

## 두 길들은 같은 목표로 나아가게 한다.

**4.** 무지한 사람들(아트만에 대한 아무런 지식이 없고 오직 경전들의 이론적 지식만을 지닌 사람들)은 지식의 길이 행위의 길과 다르며 서로 반대되는 결과를 낳는다고 말한다(그들은 이 두 길들을 이해하지 못한다.). 그러나 둘 가운데 하나만이라도 올바르게 지키는 사람들은 해방에 이른다. 어느 하나를 택해서 그 길을 끝까지 가라.

**5.** 그 끝은 똑같다. 행위의 길을 가는 사람들은 지식의 길을 가는 사람들을 만난다. 똑같이 자유에 이른다.

# 행위의 길은 행위의 포기의 길에 이르는 수단이다.

**6.** 오, 강한 자여! 포기는 (마음을 정화하기 위하여 하는) 사심 없는 행위의 요가 없이는 이르기 매우 어렵다. 행위의 요가를 하여 정화된 요기는 머지않아 신에 이른다.

**7.** 행위의 길에 의하여 가슴이 순수해질 때, 신체가 순종적일 때, 감각들이 정복되었을 때, 그의 아트만이 모든 생명체들 안에 있는 아트만임을 아는 사람은 행위를 해도 오염되지 않는다.

# 현자의 행위들은 실제로는 행위들이 아니다.

**8-9.** 자신의 가슴이 신의 가슴인 것을 깨달은 현자들은 항상 '나는 아무것도 하지 않고 있다.'라고 생각한다. 그가 무엇을 보고, 듣고, 만지고, 냄새 맡고, 먹고, 걷고, 잠을 자든, 숨을 쉬든, 말을 하든, 배설을 하든, 손으로 무엇을 쥐든, 눈을 뜨든 혹은 눈을 감든, 그는 이것을 안다. "나는 보고 있지 않다. 나는 듣고 있지 않다. 감각 대상들을 보고 듣고 만지는 것은 감각들이다."

## 행위의 길을 가는 사람들은 자신의 행위의 결과들에 오염되지 않는다.

**10.** 그는 욕망들을 제쳐두고 행위들을 신에게 바친다. 연꽃잎은 젖지 않고 물 위에 있다. 그는 행위들을 하지만, 행위들에 닿지 않는다.

**11.** 행위의 요가를 따르는 사람들에게 신체, 감각 기관들, 마음과 지성은 단지 도구들일 뿐이다. 그는 자신이 다름이 아닌 도구들일 뿐이라는 것을 안다. 그래서 그의 가슴은 순수해진다.

**12.** 행위의 결실들을 버려 신과 하나가 되면, 영원한 평화를 발견한다. 신이 없으면, 그는 행위의 노예가 된다. 그는 욕망에 의해 앞으로 끌려가는 죄수이다.

## 현자들의 희열로 가득한 삶

**13.** 분별력으로 자신의 모든 행위들을 끊어낸 사람은 아홉 개의 문들이 있는 도시 안에서 행복하게 산다. 그는 행위에 연루되지 않는다. 그는 몸과 감각들에 관여하지 않는다.

## 자연이 활동의 근원이다.

14. "신이 우리에게 이 망상을 주셨다."라고 말하지 말라. 그대는 자신이 행위자라고 꿈꾼다. 그대는 행위가 이루어진다고 꿈꾼다. 그대는 행위가 결실들을 맺는다고 꿈꾼다. 그것은 그대의 무지이다. 그대에게 이 꿈들을 준 것은 자연(세상, 프라크리티, 마야, 공)이다.

## 지식과 무지

15. 신은 어디에나 있으며, 언제나 완벽하다. 사람의 선 또는 악을 걱정하는가?

16. 아트만은 빛이다. 그 빛은 망상의 어둠으로 덮여 있다. 아트만의 빛이 우리의 어둠을 몰아낼 때 그 빛은 빛을 발한다. 그러면 그 빛은 태양처럼 빛나 지고자를 드러낸다.

## 현자들은 더 이상 태어나지 않는다.

17. 헌신적인 이들은 그분과 함께 산다. 그들은 그분이 언제나

행위가 없는, 가슴 속 그곳에 있음을 안다. 그들의 모든 목표는 그분이다. 그분의 지식에 의해 자신의 과거의 행위와 생각의 더러움으로부터 자유롭게 되어 그들은 되돌아옴이 없는 곳인 자유의 장소를 발견한다.


## 현자들은 모든 존재들 안에서 하나를 본다.

**18**. 아트만을 깨달은 사람은 모든 존재들을 동등하게 본다. 브람마나, 소, 코끼리, 개, 개들을 먹는 자(카스트 바깥의 사람)에서 같은 아트만(지고의 존재, 의식, 희열)을 본다.


## 현자들은 세상에 살면서도 해방되었다.

**19**. 신에 잠겨 있는 사람은 세상의 삶 여기에서도 세상을 극복한다. 신은 하나이고, 변하지 않으며, 악에 접촉하지 않고 있다. 그분이 아닌 어떤 집을 우리는 가지고 있는가?

# 현자들은 슬픔과 기쁨으로부터 자유롭다.

**20.** 신에 머무르는(자신을 아트만과 동일시하고 있는), 마음이 차분하며 (균형을 이루고 있는), 미혹이 없는, 신을 아는 사람은 좋은 것에 고무되지 않고, 나쁜 것에 슬퍼하지도 않는다.

## 현자들의 무한한 기쁨

**21.** 그의 마음은 외적인 접촉들에 죽었다. 아트만의 희열에 그 것은 살아 있다. 그의 가슴이 신을 알기에 그의 행복은 영원하다.

**22.** 오, 쿤티의 아들아! 감각 대상들과의 접촉으로 오는 기쁨들 은 슬픔을 잉태하는 자궁과도 같다. 그것들은 시작이 있고 끝이 있다. 현자들은 그것들에 기뻐하지 않는다.

## 니르바나로 가는 길

**23.** 이 세상을 떠나기 전에, 욕망과 화의 충동의 주인이 되게 하라. 그는 신을 발견한다. 그는 행복하다.

**24.** 아트만에 행복이 있고, 아트만을 기뻐하고, 아트만의 빛을 발견한 요기는 신이 되며 신의 희열에 경탄한다.

**25.** 불완전함들이 모두 사라졌고, 이원성의 지각들이 떨어져 나갔고, 자신이 통제되었고, 동료 생명체들의 안녕에 헌신하는(모든 존재들이 그의 아트만이다.) 현자들은 신에 들어가 절대적 자유를 얻는다.

**26.** 화와 욕망을 벗어났으며, 자신의 마음들을 가라앉혔으며, 아트만을 알아버린 현자 가까이에는 브람만 니르바나(절대적 자유)가 감싸고 있다(이런 사람으로부터 신의 축복을 받을 가능성이 있다.).

## 명상의 길을 통한 신의 깨달음

**27.** 밖으로 향하는 감각들을 차단하고, 미간에 시선을 고정시키고, 콧구멍으로 들어가고 나가는 입김을 확인하고,

**28.** 감각들을 붙들고, 마음을 붙들고, 지성을 붙들고, 그리고 욕망과 화와 노여움 없이 해방을 절실히 구하는 성자는 항상 자유를 즐긴다.

**29.** 나를 모든 숭배들과 고행들을 즐기는 자로, 모든 세상들의 위대한 주인으로, 모든 존재들의 친구로 알 때, 오, 쿤티의 아들아! 그는 내 존재의 평화 안으로 들어오지 않겠는가?

# 제6장
# 명상의 길

## 명상의 길은 행위의 길과 양립하지 않는다.

**크리슈나**

**1.** 행위의 결실들을 기대하지 않고 자신에게 주어진 의무(불의 숭배와 같은)들을 하는 것은 마음을 정화시켜 준다. 그는 이제 명상의 요가를 할 수 있다(행위를 진정으로 포기한 사람들은 물론 아무런 의식들을 하지 않는다.).

**2.** 오, 판다바! 그대는 (행위의) 요가가 실제로는 행위의 포기(산야사)라는 것을 이해해야 한다. 왜냐하면 행위의 보상들을 생각하는 사람은 어느 누구도 (명상의) 요기가 될 수 없기 때문이다. (행위의 요가는 명상의 요가로 가는 디딤돌이다. 그래서 신은 아르주나에게 행위의 요가를 하도록 격려한다.)

## 행위의 길은 명상의 길로 가는 디딤돌이다.

**3.** 명상으로 요가의 경지에 이르고자 하는 사람은 행위의 요가를 그의 길로 택해야 한다(마음이 정화된다.). 그가 요가의 경지에 가까이 가면 그의 행위들은 떨어져 나가고 이제 고요(명상에 전념하는)해질 것이다.

## 누가 명상의 요기인가?

**4.** 사람이 감각 대상들에 애착하지 않고 모든 생각들을 포기했을 때, 그는 요가를 얻은 것이다(요가루다에 이르렀다. 요가의 경지 즉 신과 하나에 이르렀다. 그는 마야의 최면 위로 올라섰다.).

**5.** (무지 즉 삼사라에 빠져있는 순수하지 못한) 마음을 어떻게 사용할 것인가? 아트만을 숨기기 위해서가 아니라 아트만을 드러내기 위하여 사용하라. 마음은 아트만의 친구이자 적이다.

**6.** 마음을 통제했을 때, 마음은 아트만의 친구이다. 하지만 통제하지 못했을 때 마음은 아트만의 적이다.

**7.** 마음을 정복한 사람은 아트만에 잠긴다. 그는 더위나 추위, 고통이나 쾌락, 명예와 불명예에 동요하지 않는다.

8. 나에 대한 이론적 지식(갸나)과 경험(비갸나, 분별의, 깨달음의 경험. 나가 프라크리티와 다르다는 것을 체험으로 안.)으로 만족하고, (아무런 이원의 감각들이 없고.) 몸에 있지만 감각들을 정복한(하여 나의 희열을 경험하고), 그리고 흙, 돌, 금이 같아 보이는(쿠타스타, 마음의 고요한 목격자, 변화가 없는 상태) 그런 요기는 신과의 합일을 성취했다(사마디를 얻었다고)고 말할 수 있다.

9. 최고의 요기(요가루다 중의 최고)는 호의를 베푸는 사람, 친구, 적, 친족, 무관심한 사람, 중립적인 사람, 혐오자, 심지어 올바른 사람과 올바르지 않은 사람을 동등하게 여길 수 있는 사람이다. (사마붓디 즉 evenness of mind에 이른 사람. 동등한 시각을 가진 사람. 똑같이 대하는 사람. 그는 모두에게 같다. 그는 모두를 자신의 나로 사랑한다.)


# 명상 수행의 지침들

10. 명상을 하고자 하는 사람은 갈망들이 없이 소유물에 대한 욕구들이 없이. 한적한 곳으로 물러나, 홀로 머물며, 자신의 신체와 마음에 대한 통제력을 연습해야 한다. 그는 자신의 아트만을 끊임없이 명상해야 한다.

11. (먼저 초연을 증가시킬 수 있는 적절한 장소를 발견해야만 한다. 명상가들이 명

상하였던 곳이라면 좋고, 아름다워서 명상할 기분을 일어나게 하는 곳이라면 더더욱 좋다.)

그가 앉는 자리는 너무 높지도 낮지도 않고, 견고하고, 깨끗해야 한다. 그러한 장소를 발견한 후 쿠샤 풀을 아래에 깔고, 그 위에 사슴 가죽을, 이것들 위에 천을 덮는다.

12. 그는 그곳에 앉아, 감각들과 상상력을 억제하고, 마음을 한 곳에 집중해야 한다. 이런 식으로 명상을 수행한다면, 그의 가슴은 순수해질 것이다.

13. 몸, 머리, 목을 꼿꼿이 세우고, 주변을 둘러봄이 없이, 마치 코끝을 응시하는 것처럼 시선을 (바깥을 방황하지 않고 시선을 안으로) 끌어당겨야 한다.

14. 마음을 고요하고 두려움이 없게 하고, 경건한 삶의 맹세를 굳게 지키고, 가만히 있지 못하고 돌아다니는 마음을 붙들어, 언제나 그의 눈을 그의 상이자 그의 목적인 나에게 둔 채 항상 나에게 잠기게 하여, 나와 하나에 도달하기 위해 힘쓰게 하라.

15. 명상으로 감각들과 마음을 끊임없이 통제함으로, 안에 있는 아트만과 하나를 이룬 구도자는 나 안에 있는 변치 않는 기쁨과 평화의 상태인 니르바나에 이른다(처음에는 사마디의 낮은 상태인 사비칼파 사마디에

이른다. 가장 높은 니르비칼파 사마디에서는 몸은 정지하고 동작이 없으며, 마음은 개인적 정체감을 잃고 우주의 마음과 하나가 된다. 가장 높은 초의식의 상태에 들어간 것이다. 평화와 지고의 희열 이외에는 아무것도 경험하지 않는다. 마음은 무한자와 하나가 된다. 이 최고로 높은 상태에 들어감으로 요기는 해방된다. 신의 바다와 하나가 된다. 니르바나는 다시 태어나게 하는 충족되지 못한 욕망들의 파괴를 의미한다.).

16. 오, 아르주나! 너무 많이 먹거나 너무 적게 먹는 사람들, 너무 많이 자거나 너무 적게 자는 사람들은 명상을 잘하지 못한다.

17. 그러나 먹는 것과 자는 것, 일과 오락에 있어 적당한 사람들은 명상을 통해 슬픔을 끝내게 될 것이다.

18. 사람이 언제 신과의 합일을 성취했다고 할 수 있는가? 잘 제어된 생각이 욕망의 대상들을 벗어나 오로지 아트만에 잠기게 된 때이다.

19. "바람으로부터 보호받는 등불은 깜빡이지 않는다." 이것이 생각을 제어한 명상자의 비유이다.

20. 명상의 수행으로 멈춘(고요해진, 정화된) 마음이 아트만을 볼 때, 그는 아트만에 완전히 만족한다.

21. 감각들 너머에 있으며 순수한(정화된) 지성으로만 알 수 있는 무한한 희열을 알아 거기에 확고히 자리 잡으면, 그는 진리를 결코 떠나지 않는다.

22. 그것을 얻으면, 그는 그것 이상의 얻음은 없다는 것을 안다. 그 안에 자리 잡으면, 그는 가장 큰 슬픔에도 흔들리지 않는다.

23. 고통과의 연합의 단절을 요가로 알라. 그러므로 이 요가는 확고한 결심과 불굴의 정신으로 해야 한다.

## 명상 수행과 관련된 추가적인 지시사항들

24. 생각과 상상에서 나온 모든 욕망들을 남김없이 버려라(감각들을 철수하여 마음에 들어가게 하라.). 마음으로 감각들을 완전히 제어하라(강한 분별력과 초연을 지닌 마음은 감각들을 통제할 수 있을 것이다.).

25. 이성을 확고하게 통제하여 점차적으로 고요를 얻어야 한다. 마음이 아트만에 잠기면 어떤 생각도 일어나는 것을 허용하지 말라.

**26.** 항상 움직이며, 불안정한 마음이 다른 곳으로 갈 때마다, 그것을 자제시켜 아트만에게로 데려와야 한다.

## 명상의 결과

**27.** 마음이 평화롭고, 열정(라자스)들이 가라앉았고, 오점이 파괴된 요기(그에게는 어떠한 흠도 없으며, 다르마와 아다르마 너머로 갔다.)는 신(무한한 의식)과 하나가 된다. 그는 최고의 희열을 경험한다.

**28.** 항상 요가를 수행하는 요기는 악의 짐으로부터 자유로워져 쉽게 신을 만나 끝없는 희열을 얻는다.

**29.** 늘 신과 함께 있는 사람은 직관의 눈으로 자신이 모든 존재들 안에 있음을, 모든 존재들이 자신 안에 있음을 본다. 그는 모든 존재들을 동일한 눈으로 본다.

**30.** 모든 것들 안에서 나를, 나 안에서 모든 것들을 보는 사람들은 나 안에 있으며, 나도 그들 안에 있다(나는 그의 현존을 떠나지 않으며, 그도 결코 나의 현존을 떠나지 않는다.).

**31.** 하나에 자리를 잡은 그들은 모든 존재들 안에 있는 나를 열렬히 숭배한다. 그들이 어떤 삶을 살고 있을지라도(그들은 무엇에도 얽매이지 않는다.) 그들은 나 안에 살고 있다.

**32.** 오, 아르주나! 아트만에 있는(신과 하나에 있는) 요기들은 우주가 그들의 몸임을 안다. 다른 존재들의 즐거움들과 고통들을 그들의 것으로 느끼기에, 그들은 다른 존재들의 고통들을 감소시키고 다른 존재들의 행복들을 증가시키기 위해 노력한다. 그들은 모든 요기들 중 최고이다.

## 수행과 초연은 요가에 이르는 가장 확실한 방법이다.

**아르주나**

**33.** 오, 크리슈나시여! 당신은 이 요가를 마음의 평등(evenness)이라고 설명하십니다. 하지만 저는 이것이 어떻게 지속적일 수 있는지 알지 못합니다. 마음은 아주 불안정합니다.

**34.** 오, 크리슈나시여! 마음은 감각들의 손아귀에 사로잡혀 있어서 변덕스럽고, 충동적이고, 강하고, 완고합니다. 그것을 어떻게 길들일 것입니까? 진정, 제가 생각하기에 그것은 바람을 통제하려는 것

만큼이나 어렵습니다.

**크리슈나**

35. 오, 힘이 센 자여! 그렇다. 의심의 여지없이 마음은 불안정하고 그리고 통제하기 어렵다. 하지만 오, 쿤티의 아들아! 그것은 끊임없는 수행과 초연(무심, 포기)의 연습으로 마음은 통제될 수 있다.

36. 마음을 통제하지 못하는 사람들은 명상에서 앞으로 나아가 아트만을 깨닫기 극히 어렵다는 데 나는 동의한다. 올바른 방법들을 사용하여 지속적으로 노력한다면 아트만 깨달음은 얻어질 수 있다.

## 요가에 실패한 사람들과 그 후의 생애

37. 오, 크리슈나시여! 어떤 사람이 믿음은 가지고 있지만 충분히 열심히 노력하지 않았다고 생각해 보십시오. 그의 마음은 명상 수행으로부터 벗어나 방황하고, 그는 완벽함에 이르는 것에 실패합니다. 그러면 그는 어떻게 됩니까?

38. 오, 강한 분이시여! 둘에서 떨어진 그들은 세상적인 삶과 영적인 삶 모두를 잃은 것입니다. 그는 어디에도 의지할 곳이 없습니

다. 부서진 구름이 하늘에서 사라지는 것처럼, 그는 사라지는 것이 아닙니까?

**39.** 오, 크리슈나시여! 이것이 저를 괴롭히는 의심입니다. 그리고 오직 당신만이 이 의심을 제 마음으로부터 완전히 몰아내 주실 수 있습니다. 당신의 답을 들려주십시오.

**크리슈나**

**40.** 아니다. 나의 아들아! 그 사람은 이 세상에서나 다음 세상에서나 사라지지 않는다. 깨달음을 구하려는 자는 결코 나쁜 결말을 맞지 않는다.

**41.** 설령 그 사람이 요가에 실패한다고 해도, 그는 여전히 선행을 행하는 자들이 가는 천국을 얻고, 그곳에서 오랜 기간을 살 것이다. 그 후에 그는 순수하고 유복한 가정에 다시 태어난다(완성을 얻지 못한 첫 번째 유형의 요기).

**42.** 심지어 그는 위대한(깨달음을 얻은) 요기의 가정에 태어날 수도 있다. 하지만 이 세상에서 그런 탄생을 얻기란 아주 어렵다(완성을 얻지 못한 두 번째 유형의 요기).

43. 오, 쿠루족의 아들아! 그런 탄생을 가진 후에, 그는 이전의 신체에서 얻은 지식을 되찾고는 깨달음을 얻기 위해 이전보다 더욱 노력할 것이다.

44. 이전 삶의 수행에 의해, 그는 자기도 모르게 신과의 합일을 향해 내몰릴 것이다. 왜냐하면 신으로 가는 길을 묻기만 해도 경전에 따라 종교적 의식들을 행하는 사람들보다 더 멀리 나아가기 때문이다.

## 요기들 중 최고

45. 여러 삶 동안 열심히 노력하는 명상의 요기는 자신의 모든 불순물들로부터 정화되어 마침내 최고의 목표에 이를 것이다.

46. 명상의 요기는 위대하다. 그는 고행자들[8]보다 더 낫고, 영적 지식의 사람들(경전들의 지식을 가진 자들)보다 더 낫다. 그는 또한 행위의 사람들보다 더 낫다. 그러므로 오, 아르주나! 그대는 온 가슴으로 명상의 요기(니르비칼파 사마디를 통한 직관으로 아트만의 직접적인 지식을 가진 사람)가 되어라.

---

8 [역자 주] 신체적 정화나 감각들을 통제하기 위한 노력.

47. 그는 나에게 그의 마음 모두를 바친다. 그는 믿음과 사랑으로 나를 숭배한다. 다른 모든 이들 중에서, 나는 그 요기를 나 자신이라 여긴다.

# 제7장
# 영적 지식과 깨달음

## 명상으로 신을 깨달음

**크리슈나**

1. 오, 파르타여! 나에게 피난하고 그대의 온 마음을 나에게 집중시키면, 그대는 의심의 여지없이 나(전능, 전지, 편재, 무한한 사랑, 아름다움, 은총, 강함, 자비, 무진장한 부, 말로 표현할 수 없는 화려함, 아주 깨끗한 영광, 순수)를 알 수 있을 것이다.

2. 나는 그대에게 이론적 지식(갸나)과 함께 개인적 경험(비갸나, 깨달음)을 남김없이 말할 것이다. 이것을 알면 더 이상 알아야 할 것은 없다.

3. 해방을 얻고자 노력하는 사람이 누가 있겠는가? 수천 명 중 아마도 한 명일 것이다. 노력하는 사람들 가운데서도 아마도 겨우 한

사람이 성공적으로 노력할 것이다. 성공적으로 노력하는 사람들 가운데서도 아마도 겨우 한 사람이 은총으로 나의 존재를 알 것이다.


## 신성한 프라크리티에서 생겨난 우주의 진화

**4.** 흙, 물, 불, 공기, 에테르, 마음, 지성 그리고 자아, 이 여덟 가지가 나의 자연(샥티, 마야, 공, 물질적 에너지)이다.

**5.** 이것들은 나의 열등한 자연(아파라 프라크리티)이다. 오, 강한 자여! 우주에 생명을 주는 나의 우수한 자연(파라 프라크리티, 파라 샥티, 나, 푸루샤, 영, 순수한 자각 혹은 의식, 들을 보는 자)을 알라. 이것이 온 우주를 지탱하고 있다.

**6.** 모든 존재들은 이 둘로서 만들어진다. 그러므로 온 우주는 나로부터 만들어지며 나 안으로 소멸된다.

**7.** 오, 다난자야! 오로지 나만이 우주의 원인이다. 지고의 신인 나 외에는 다른 원인이 없다. 실에 꿰어 있는 진주처럼 이 세상은 나에게 붙들려 있다.

# 우주를 관통하고 있는 신성한 원리

**8.** 오, 쿤티의 아들아! 나는 물 안에 있는 유동성이다(나는 유동성으로 물 안에 존재한다.). 나는 달과 태양 안에 있는 빛이다. 나는 모든 베다들 안에 있는 신성한 음절 옴이다. 나는 공간 안에 있는 소리이다. 나는 사람들 안에 있는 인간성이다.

**9.** 나는 흙 안에 있는 달콤한 향기, 불 안에 있는 광채, 모든 존재들 안에 있는 생명, 고행자들 안에 있는 마음과 감각들을 정화하는 힘(샥티)이다.

**10.** 오, 파르타! 나는 모든 존재들의 기원(씨앗)임을 알라. (당신의 씨앗은 누구입니까? 나는 모든 것의 기원이지만, 나는 원인이 없이 있다.) 나는 현명한 자들 안에 있는 지성이며, 용감한 자들 안에 있는 용기이다.

**11.** 오, 바라타족의 으뜸인 자여! 강한 자들 안에서 나는 욕망과 애착이 없는 힘이다. 나는 다르마에 대립하지 않는 욕망이다(몸의 유지에 필요한, 요가 수행에 도움이 되는 정도를 먹고 마시고자 하는 욕망).

**12.** (각각의 카르마의 결과로써 존재하는) **삿트와**(데바들, 현자들, 우유와 푸른 이집트 콩에서 우세), **라자스**(간다르바들, 왕들, 전사들과 고추에서 우세), **타마스**(악마

들, 수드라들, 마늘, 양파, 고기에서 우세)로 된 모든 존재들은 나에게서 나온다
는 것을 알라. 그것들은 나 안에 있지만, 나는 그것들 안에 있지 않다.

13. 이 세상의 사람들은 자연(마야)의 세 구나들에 미혹되어 있
어서, 세상과의 끈들을 끊고 마음을 변하지 않고 있는 나에게로 향하
는데 실패한다.

## 마야: 그것을 극복하는 방법

14. 구나들로 만들어진 나의 이 신성한 마야(우파디, 이슈와라는 마
야의 신이다.)를 넘어가기는 얼마나 어려운가! 그러나 누구든지 형식적인
다르마를 모두 버리고 그들 자신의 아트만이며 환영의 주권자인 나에
게 완전히 피난한다면 이 환영을 넘어설 것이다.

15. 마야에 미혹되고 있는 사람들은 분별력을 잃어 자신의 낮
은 성품으로 가라앉는다. 그래서 그들은 사악한 행위들을 하며 나에
대한 아무런 헌신을 느끼지 못한다. 그래서 그들은 나에게 피난하지
않는다.

# 헌신자들의 네 유형

**16.** 오, 아르주나! 선한 사람들은 여러 이유로 나를 숭배한다. 세상에 지친 사람들(질병 등 여러 이유로 고통스러운 사람), 지식을 구하려는 사람들(감각적 쾌락이 최고의 행복이 아니라는 것을 안. 삶의 공허를 느낀, 신을 깨달은 구루의 가르침을 따르는 영적 구도자), 충족되지 않은 욕망들을 지닌 사람들(돈, 배우자, 자식, 이름과 명성, 천국 등), 그리고 현자(아트만을 깨달은 사람, 지혜의 빛으로 분리가 사라진 사람들. 지혜가 밝아오면, 그는 내가 자신의 아트만이라는 것을 안다.)들이다.

**17.** 이들 중에서 으뜸은 하나에 변함없이 헌신하는 현자이다. 나는 현자를 매우 사랑하며 그도 나를 매우 사랑한다.

**18.** 이 모든 이들은 의심의 여지없이 고귀하다. 하지만 나는 아트만을 깨달은 현자를 바로 나의 아트만으로 여긴다(그는 나와 다르지 않다.). 그의 마음은 나에게 확고하게 고정되어 있다. 그는 도달해야 할 최고의 목표를 나로 여겨 오로지 나에게 피난한다(나를 사랑한다.).

**19.** 많은 탄생들을 통해 그의 분별력은 성숙해진다. 그는 모든 곳에서, 모든 것에서 나를 본다. 그는 신이 전부라는 것을 안다. 그런 위대한 영혼은 얼마나 드문가!

# 무지한 사람들은 하등의 신들을 숭배한다.

**20.** 세상의 여러 욕망(자손, 부, 천국, 작은 싯디) 때문에 분별력이 빼앗긴 사람들은 그들 자신의 성품에 이끌려 하위의 데바들(인드라, 바루나, 미트라 등)의 축복을 받고자 그들을 숭배한다.

**21.** 헌신자는 숭배의 대상으로 어떤 이름이나 형태를 선택할 수 있다. 만약 그가 진지한 믿음(슈랏다)이 있다면, 나는 그의 믿음을 흔들리지 않게 한다.

**22.** 그가 믿음을 지니고 하등의 신(데바)들을 숭배하면, 그는 그들로부터 원하는 것을 얻는다. 이것은 사실 내가 주는 것이다(나는 그들의 내적 지배자이다.).

**23.** 하지만 제한된 지성을 가진 이런 사람들은 일시적이고 사라지기 쉬운 것들을 위해 기도한다. 데바들을 숭배하는 사람들은 데바들에게로 갈 것이다. 나의 헌신자들은 나에게로 올 것이다.

**24.** 무지한 사람들은 나타나지 않는 나를, 이제야 나타나 사람이 되었다고 생각한다. 그들은 변화하지 않고, 비교할 수 없고, 초월적인 나의 지고한 성품을 알지 못한다.

**25.** 나는 나의 신성한 힘(마야, 환영)에 가려져 있어서, 나는 많은 사람들에게 있는 그대로 보이지 않는다. 어떻게 무지(망상)에 사로잡힌 이 세상의 사람들이 태어나지 않고 변화하지 않는 나를 알아볼 수 있겠는가?

**26.** 나는 모든 존재들의 과거, 현재 및 미래까지의 모든 것을 안다. 오, 아르주나! 하지만 아무도(나를 섬기고 나를 찾는 사람을 제외하고) 나를 알지 못한다.

## 무지의 뿌리

**27.** 오, 바라타! 세상의 모든 존재들은 태어나자마자 욕망과 혐오(자신의 몸을 유지하기 위한 본능이다. 몸의 보존을 도와주는 대상들을 얻기를 바라고, 몸과 마음에 고통을 주는 대상들을 피하고자 한다.)로부터 일어나는 상반되는 쌍들에 미혹된다. (지성이 상반되는 쌍들에 미혹되어 자신이 아트만이라는 것을 깨달을 수 없다.) 오, 적들을 괴롭히는 자여!

**28.** 하지만 선한 행위들을 하는 사람들은 점차로 순수해져 자신의 죄(카르마)로부터 풀려나 이원성의 미혹 위로 오른다. 그들은 (가장 높은 아트만이 나라는 것을 알고) 확고한 결심으로 나를 숭배한다.

**29.** 노화와 죽음으로부터 해방되기 위하여 나에게 피난하는 사람은 신, 아트만에 대한 모든 지식 그리고 모든 행위(재탄생으로 나아가게 하는 행위에 관한 모든 것)를 알게 된다.

**30.** 그들은(아트만 지식의 힘을 지니고, 나에 피난하는) 내가 아디부타(지수화풍공으로 이루어진 물질적 세상, 나의 지상의 모습), 아디다이바(아스트랄의, 빛나는 존재들의, 신들의 혹은 마음의 세상), 아디얏나(희생) 안에 있다는 것을 안다. 그들은 죽음의 순간에 조차도 이 지식을 계속 지닌다.

# 제8장
# 빛의 길과 어두움의 길

## 명상을 통하여 깨닫게 되는 7가지들

**아르주나**

**1.** 무엇이 신(절대자)입니까? 무엇이 아디아트만(개별적 존재로서의 나)입니까? 무엇이 행위입니까? 무엇이 아디부타(의식이 물질로 현현한 것)입니까? 무엇이 아디다이바(의식이 아스트랄 모습으로 현현한, 최고의 데바)입니까? 오, 푸루숏타마시여!

**2.** 이 몸 안에 있는 아디얏나(희생)를 받는 자는 누구이며, 어떻게 있습니까? 죽음의 순간에 수련된 사람에게 어떻게 당신이 알려집니까?

**크리슈나**

**3.** 신은 불멸의 존재(악샤라), 지고의 존재(부패하거나 멸하지 않는, 과거

와 현재와 미래에서 변하지 않는, 스스로 존재하는, 스스로 빛나는, 현재와 미래의 모든 곳에 퍼져 있는, 모든 것의 원천, 뿌리, 신, 영원한 사람)이다. 이 신이 모든 개별적 존재의 가장 안에 아트만으로서, 영의 모습으로서 있다(스와바바, 아트만이 몸 즉 집에 머물고 있다). 모든 존재들을 나타나게 하는 희생의 행위(존재 내에 숨겨져 있는 힘, 모든 행위가 카르마가 아니다. 타인의 안녕을 위한 일만이 카르마 혹은 얏냐이다. 이기적 동기로 행해진 것들은 아카르마 즉 가치롭지 않은, 악마적 행위이다. 사다나로서의 카르마를 함으로써 신과 연합할 수 있다. 그럼으로 세상의 삶을 영위함으로 슬픔을 오게 하는 모든 갈망들이 저지될 수 있다.)이다.

4. 신의 소멸할 수 있는 부분이 아디부타(물질적 세상, 프라크리티, 다섯 원소들로 된 자연과 육체, 이 원소들로 이름들과 형상들로 된 변화하는 대상들이 나타나지만 그것들이 소멸되면, 무가 된다. 아무런 존재가 없다.)이다. 아디다이바는 푸루샤(몸 안에 자리하는 것. 물질에 의하여 창조된 것에 참여하는 자. 물라 푸루샤는 전체 창조에 책임을 맡고 있는 창조적 에너지인 히란야가르바. 그는 지고한 영혼이다. 감각들의 통제자. 그들은 아디아트만의 그림자이지만 존재들은 자아의 잠에 들어 있어서, 세상의 꿈에 취해서 기쁨과 슬픔을 반복해서 경험한다. 그는 몸이라는 집에 거주하는 개인의 영혼이다. 몸 안에 여전히 있으면서 감각들의 힘을 가라앉힌 사람이 아디얏나이다. 나/크리슈나 자신이 그것이다. 이 몸의 다섯 감각들에는 하나씩의 데바가 있다. 눈의 데바는 불 즉 아그니인 태양....감각들은 다섯 위대한 원소들이다. 마음은 모든 감각 기관들에 주재하고 있는 창조적 에너지이다. 마음과 지성의 데바는 푸루샤 즉 아디다이바)이다. 나 자신이 그대의 몸 안에 있는 아디얏나(희생. 신체의 몸과 관련해서는 존재의 세 수준들 즉 신체의, 마음의, 지성의 행위들의

희생이다. 희생으로 부어지는 것이 공물들이다. 몸과 관련해서는 감각 대상들이 공물들이다. 공물들은 그 사람을 축복할 데바들을 부르기 위해 부어진다. 존재의 세 수준들에 있는 모든 대상들에 공물을 부음으로, 우리는 지식의 빛으로 축복을 받는다. 이것은 다름이 아니라 아트만이다. 그러므로 아디얏냐에서 필수적인 요인은 아트만이다. 우주 안에 있는 나, 영, 위대한 희생을 받는 자, 순수 의식으로서 나 자신이 모든 희생을 받는 자이다. 모든 희생은 아트만에게로 향한다.)이다. (사실, 나는 아디다이바와 아디얏냐이다. 금이 합금과 섞일 때, 그것은 불순한 금이 되는가? 금은 손상되지 않으며, 불순한 금이 되는 것은 아니다. 마찬가지로 아디부타와 다른 것들이 무지의 베일에 의하여 가려지면, 그것들은 다른 것으로 나타난다. 이 덮개나 분리의 장벽들이 치워지면, 그것은 하나가 되었다고 말할 것인가? 이와 마찬가지로, 자아가 사라질 때, 원래의 UNITY가 나타난다. 마찬가지로, 나는 아디얏냐이다. 그것으로 이 UNITY가 늘 있다. 모든 희생은 행위라고 말할 때 이것이 내가 의미하는 희생이다. 그것이 모든 창조물들의 피난처, 무관심한/담담한 행복의 창고이다. 먼저, 감각 대상이라는 공물들이 감각들의 불타는 불에, 초연의 연료와 함께 타는 불에 바쳐진다. 자제의 불, 통제의 불, 지혜의 불에.) **몸을 가지고 있는 존재들 중 최고인 자여!**

**5. 죽음의 시간에, 나를 기억하면서 떠나면 그는 나와 하나가 될 것이다. 그것은 의심의 여지가 없다.**

# 신에 대한 끊임없는 명상이 필요하다.

**6.** 사람이 신체를 떠날 때, 마지막에 기억하는 그 존재의 상태로 그 사람은 간다. 오, 쿤티의 아들아! 왜냐하면 이번 생애 동안에 그의 마음이 항상 그것에게 머물렀기 때문이다.

**7.** 그러므로 그대는 나만을 기억하면서 자신의 의무를 해야 한다. 만약 그대의 마음과 지성을 항상 나에게 고정시킨다면, 그대는 나에게로 올 것이다.

# 신에 대하여 명상하라.

**8.** 나에 대한 생각에 전념하면 마음이 하나로 모아지고, 그대는 신의 지고한 영광(푸루샤)을 발견할 것이다. 오, 프리타의 아들아!

**9.** 모든 것을 아는 분이시고, 나이를 먹지 않으시고, 모든 존재들의 지배자이시며, 원자보다 더 미세하시며, 모든 존재들의 부양자이시며, 생각할 수 없는 존재이시며 태양처럼 빛나는 분이시며, 무지라는 어둠 너머에 계시는 분을 항상 명상하는 사람(신의 여덟 가지 내용)은

10. 신체를 떠나는 마지막 순간에 충실히 따른 이 요가의 힘으로 그는 강해질 것이다. 마음은 확고하고, 가슴은 아주 충만해서, 그는 그것의 사랑을 거의 담을 수가 없다. 이렇게 그는 떠날 것이다. 그리고 이제, 완전히 안으로 끌어당겨져 눈썹 사이에 단단히 고정된 그 생명력으로, 그는 자신의 신을 찾으러 간다. 그는 가장 위대한, 빛을 주는 분에 이른다.

## 옴에 있는 신에 대한 명상

11. 베다들을 이해하는 사람들이 선언하고, 자신을 제어하였고 이기적 열정에서 자유롭고 경건한 삶을 영위하는 사람들만 들어갈 수 있는 불멸의 목적지를 나는 그대에게 간략히 말할 것이다.

12. 사람이 자신의 신체를 떠날 때, 그는 모든 감각의 문들을 닫아야 한다. 그가 가슴의 성소 안에 마음을 확고히 두고, 눈썹 사이에 생명력을 고정시키게 하라.

13. 그런 다음 신의 이름인 신성한 음절 '옴'을 소리 내고 나에 대해 명상하면서, 꾸준한 집중력에서 위안을 구하게 하라. 그런 사람은 가장 높은 목표에 도달한다.

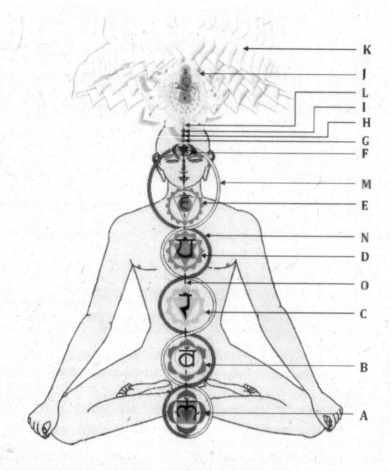

**도표 1: 쿤달리니 샥티의 상승**

A - 물라다라 차크라        I - 칫타
B - 스와디스타나 차크라    J - 12장의 연꽃잎
C - 마니푸라 차크라        K - 사하스라라
D - 아나하타 차크라        L - 치트리니 나디
E - 비슛다 차크라          M - 이다 나디
F - 아갸 차크라(마나스)    N - 핑갈라 나디
G - 붓디                 O - 수슘나 나디
H - 아한카라

[슈리 슈리 구루기타, 스와미 체타난다 사라스와티, 2017, P.89]

# 신에 이른 사람은 다시 태어나지 않는다.

**14.** 오, 프리타의 아들아! 나를 항상 생각하고, 아무것에도 집착하지 않는 요기는 나에게 이르기 쉽다. 그런 사람이 진정한 요기이다.

**15.** 나를 발견한 위대한 영혼들은 최고의 완벽을 찾은 것이다 (점차적인 해방을 뜻한다. 그의 우파사나의 힘으로 데바야나에 이른 헌신자는 창조자의 세상인 브람마 로카 즉 일곱 세상 중 최고인 사티야로카를 얻어서 신의 모든 신성한 부와 영광을 즐기다가 최종적인 해방인 카아발야 목샤를 얻는다.). 그들은 더 이상 일시적이고 고통스러운 자리인 이곳에 다시 태어나지 않는다.

**16.** 오, 아르주나! 모든 세계들, 심지어 창조자 브람마의 세상조차도 포함하여 모든 세상들의 거주자는 재탄생의 법칙의 지배를 받는다. 하지만 나에게 오는 사람에게는 되돌아옴이 없다.

## 브람마의 낮과 밤

**17.** 우주에는 낮(우주의 진화, 나타남 혹은 투사)이 있고 또한 밤(우주의 해체 동안에 세상은 아비악타 즉 나타나지 않는 즉 물라 프라크리티 안으로 흡수된다. 나무의

씨앗처럼 잠재적인 상태로 있다.)이 있다. 현명한 자들은 이것을 알고, 브람마의 낮이 천년의 시간이고, 밤이 천년의 시간이라고 선언한다.

**18.** 브람마의 우주적 날이 밝으면 잠들어 숨어 있던 모든 생명들이 나와서 자신을 내보이며, 밤이 오면 모든 것은 잠자는 생명의 싹 안으로 사라진다.

**19.** 오, 왕자여! 이렇게 모든 것들은 낮과 함께 나타나고, 밤과 함께 새로운 죽음으로 되돌아간다. 모든 것은 무력하다. 그들은 자신이 해야 할 일을 한다.

## 가장 높은 목표에 도달하는 방법

**20.** 그러나 나타나지 않은 것 뒤에는, 영원하고 변함이 없는 또 다른 존재가 있다. 이것은 우주의 모든 것들이 소멸할 때도 소멸하지 않는다.

**21.** 지고의 상태는 나타나지 않고(아비약타, 비현현) 있으며 불멸(악샤라)이다. 그것이 나의 최고의 집이다. 그곳에 도달한 사람들은 거기서 돌아오지 않는다.

**22.** 오, 프리타의 아들아! 모든 존재들이 그 안에 있고, 그로써 이 온 우주에 퍼져 있는 그 지고한 거처(상태, 푸루샤)는 일점 지향의 헌신으로 얻어질 수 있다.

# 빛과 어둠의 길

**23.** 오, 바라타족의 으뜸인 자여! 나는 그대에게 두 가지 길(빛과 어두움의 길)을 말해주겠다. 요기가 이 신체를 떠날 때 둘 중 하나를 선택하게 하라. 다시 탄생으로 이어지는 길과 다시 돌아오지 않는 길 중.

**24.** 빛의 길, 불과 낮의 길, 달이 차오르는 밝은 2주일, 태양이 북쪽을 지나는 여섯 달(1월에서 6월, 인간의 몸 안에 많은 나디들이 있지만 7번째 차크라인 브람마란드라가 중요하다. 그것은 뇌의 opening이다. 명상으로 프라나가 그것을 통하여 바깥으로 나가면 그 사람은 지고자에 이른다. 즉 해방을 얻는다. 여섯 중심들을 통하여 우주적 의식이 상승하는, 데바야나 즉 웃타라 마르가 즉 빛의 길. 그것에 의해 요기는 신으로 간다. 이 길을 따라갈 때 빛 혹은 지식이 있다.)동안에 떠나는 신을 아는 사람들(신의 헌신자들, 이동하는 여행자들)은 신에 이른다(깨달음을 얻은 현자는 떠나지 않는다. 그는 모든 곳에 존재하는 신으로 흡수된다. 혹은 하나가 된다. 깨달음을 얻은 현자는 가거나 오는 여지는 없다.).

**25.** 연기, 밤, 달이 기우는 어두운 2주일, 태양이 남쪽으로 가는 6개월(의식이 척추의 중심을 통하여 신체의 의식으로 하강하는)의 여정의 길이 있다. 이 길을 택하는 요기는 달의 빛에 도달했다가 다시 돌아온다.

**26.** 밝은 길과 어두운 길이라는 이 두 가지 길(신들의 헌신자들은 희생들이나 자선들을 그것들이 주는 보상들에 대한 기대 없이 행한다. 반면에 세상 사람들은 희생들이나 자선들을 그것들이 주는 보상들을 기대하면서 행한다. 그래서 밝고 어두운 두 길들이 있다. 전자는 밝다. 왜냐하면 그것은 지식을 밝히며 지식에 의해 도달되고, 그것의 경로는 줄곧 밝은 대상으로 표시되기 때문이다. 후자는 어둡다. 왜냐하면 그것은 지식을 밝히지 못하고 무지에 의해 도달되고, 그것의 경로는 줄곧 연기나 어두운 것으로 표시되기 때문이다. 수슘나의 길은 여기서는 언급하지 않고 있다.)[9]은 시작이 없던 때부터 이 변화의 세상에 존재해 왔다고 할 수 있다. 사람은 하나의 길에 의해 돌아오지 않는 길로 간다. 다른 길로는 인간의 탄생으로 돌아온다.

**27.** 오, 프리타의 아들아! 이 두 가지 길들을 아는 요기[10]들은 결코 잘못 인도되지 않는다. (매 순간 요기의 발걸음을 비추어주는 등대 역할을 한다. 그는 늘 빛의 길에 있다.) 그러므로 아르주나! 그대는 항상 요가[11]에 변함없어야 한다.

---

9   영성과 물질주의의 길, 이 길들은 상징적인 의미이지 물리적인 의미는 아닐 것이다. 위대한 요기들 중 달의 길 시간 때 자신의 삶을 마감한 사람들도 많이 있다.
10   신과 하나 되기 위하여 노력하는 사람
11   영적 지식 즉 진리에 대한 생각에 늘 있어라.

# 신의 위대함

28. 베다들을 적절히 공부했을 때, 희생들을 잘 했을 때, 고행을 잘 행했을 때, 자선을 베풀었을 때 얻는 공덕(풍부한 결실이 온다.)이 무엇이라고 경전들에 기록되었건 간에, (일곱 가지 질문들에 대한 신의 대답에 담긴) 그분의 가르침을 올바르게 이해하고 따르는 요기는 이 모든 공덕들 너머로 올라간다. 그리고 그는 태초부터 존재했던 지고의 거처(상태, 순수한 절대자)에 이른다. 그는 우주의 원인인 신에 도달한다.

# 제9장
# 신

## 신에 대한 지식은 최고의 다르마다.

**크리슈나**

1. 오, 아르주나! 그대가 나를 받아들이고 의심하지 않기에 이제 나는 그대에게 가장 깊은 비밀을 말해주겠다. 이론적 지식보다 더 가까운 신에 대한 직접적이고 즉각적인 열린 시각을 줄 것이다. 이것을 알고 온갖 사악함을 가진 탄생과 죽음으로부터 영원히 자유로워져라.

2. 나에 대한 지식(아트만에 대한 지식. 또한 이것은 신에 대한 지식이다.)은 최고로 성스러우며, 직접 경험되며, 옳으며(다르마에 배치되지 않는다. 몸은 미네랄로 만들어져 있다. 의식의 원리인 아트만이 없으면 몸에는 생명이 없다.), 수행하기 쉽고(자신의 일을 하면서도 할 수 있다.), 한번 보기만 해도 불멸이 되는 지식(어느 누구도 가져갈 수 없다. 이 지식을 잃을 수 없다.)이요, 뛰어난 비밀이다.

**3.** 오, 그대의 적들을 곤란하게 하는 자여! 이 지식에 대한 믿음
(이것은 올바른 지적 이해로 온다.)이 없는 사람들은 나에 이르지 못할 것이다.
그들은 죽음에서 죽음으로 이어지는 길로 되돌아가야 한다.


## 모든 존재들은 신 안에 거주하고 있다.


**4.** 이 온 우주는 나타나지 않는 모습(감각들로는 보이지 않는, 그러나 직
관을 통해서는 인지할 수 있는)으로 있는 나에 의해 퍼져 있다(내가 우주를 지탱하
고 지배한다.). 모든 존재들은 나 안에 있다(모든 존재들은 초월로 있는 신 안에 있
다. 그들은 독립적인 존재를 가지지 않는다. 그들은 나를 통하여 존재한다. 나는 그 모든 것들
을 지지하며, 그것들 모두의 기초를 이루고 있다.). 그러나 나는 그들 안에 있지 않
다(신이 모든 존재들의 나이기 때문에, 사람들은 그것이 그들 안에 있다고 상상한다. 그러나
그렇지 않다. 어떻게 무한자가 유한한 대상 안에 담길 수 있는가? 신은 어떤 물질적 대상들과
도 접촉하지 않고 있다. 나는 그들 안에 담기지 않는다. 모든 존재들이 신 안에 살고 있는 것으
로 상상하지만, 이것은 무지. 환영이다. 꿈에서 깨어난 사람이 꿈속에 있었는가? 꿈의 내용은
어디로 갔는가? 금이 금목걸이 속에 있는가? 공간이 대상들 속에 있는가?)


**5.** (신 즉 나는 매우 미세하고 속성들이 없으며 움직임이 없다.) 모든 존재들은
실제로는 나 안에 있지 않다. 그것이 나의 신성한 신비이다. 그대는 그
것의 내용을 이해하려고 노력해야 한다. 모든 존재들에게 탄생을 주고

그들을 지탱하고 있지만, 나는 그들 안에 있지 않다. (물질과 영은 아무런 연결이 없다. 그것은 어느 대상에도 애착하지 않거나, 관심이 없다. 이것은 큰 신비이다. 꿈꾸는 사람은 꿈과 아무런 관련이 없다. 공기는 그것이 담긴 그릇과 아무런 관련이 없다. 신은 대상들이나 몸과 관련이 없다. 로프는 환영의 뱀을 지지하고 있다. 그러나....)

**6.** 어디든지 옮겨 다니고 광활한 지역을 두루 돌아다니는 바람이 언제나 공간 안에 있듯이, 모든 존재들이 나 안에 있음을 그대는 알라. (관계나 연결이나 애착이 없이)

## 신은 모든 존재들의 근원이자 끝이다.

**7.** 오, 쿤티의 아들아! 시간의 한 주기가 끝날 때 모든 존재들은 나의 프라크리티 안으로 씨앗으로 모았다가 이것들을 창조의 시간에 다시 내보낸다(창조한다.).

**8.** 마야(나의 자연)가 그들의 주인이기에, 그들은 무력하다. 그들의 지배자인 나는 이 마야의 주인이다. 나는 이 많은 존재들을 나의 존재로부터 계속해서 내보낸다.

## 신은 자신의 행위들에 의해 구속되지 않는다.

**9.** 오, 다난자야! 이 행위들이 어떻게 그들이 맺는 결실에 무심한 나를 구속할 것인가? 왜냐하면 나는 떨어져 있으며, (만드는 이인) 마야를 지켜보고 있기 때문이다. (무지한 사람들은 고치 안의 누에처럼 자아와 자신의 행위의 결과들을 기대하기에 묶인다.)

**10.** 나의 감독(목격) 아래에 자연은 움직이는 것과 움직이지 않는 것 모든 것을 만든다. 오, 쿤티의 아들아! 그래서 세상은 탄생을 거치고 파멸을 거치며 그 바퀴를 굴리면서 계속 굴러가는 것이다.

## 신을 믿지 않는 사람들의 삶

**11.** 어리석은 사람들은 모든 존재들의 주인인 나의 장엄함을 알아보지 못하고 여기에서 인간의 형상(물리적 모습)을 하고 있는 나를 지나친다. 그들은 그들의 영혼의 지배자가 누구인지 전혀 알지 못한다.

**12.** (자아에 미혹된) 그들의 희망은 헛되고, 그들의 수고, 그들의 지식은 헛되다. 그들의 모든 이해는 미혹일 뿐이다. 그들의 성품은 악령

과 괴물의 광기로 떨어졌다.

13. 오, 프리타의 아들아! 신성한 성품을 지닌 위대한 영혼(마하트만)들이 있다. 그들만이 모든 존재들의 기원이며, 죽음이 없는 자인 나를 알아보고 나에게 변함없는 마음의 경의를 표한다.

14. 항상 가슴과 입술로 나의 영광을 찬양하고 나를 얻는 공덕을 위해 애쓰거나 나 앞에 엎드리면서 그들은 자신의 아트만인 나를 숭배한다.

## 믿음이 깊은 헌신자들의 길

15. 어떤 이들은 모든 것들 안에 한 분의 신이 있다는 지식을 가지고, 나를 숭배한다(오직 하나의 존재 지식 희열인 하나의 신이 있다는 지식을 지니고 있다. 그들은 베단타의 길을 따르는 일원론자이다.) 어떤 이들은 나를 그들과 별개라고 보고 숭배한다(자신을 신의 하인 등이라고 본다.). 어떤 이들은 나의 백만 개의 얼굴들에 불과한 수많은 신들에게 절을 한다(여러 신성들이 있다. 비슈누, 브람마, 쉬바, 루드라, 락슈미, 사라스와티....).

# 모든 숭배는 신에게로 간다.

16. 베다들이 명하는 의례들과 경전들이 가르치는 의식들, 이 모든 것들이 나이며, 나는 조상의 영들에게 바치는 공물이다. 나는 치유의 허브들과 음식이며, 만트라, 투명하게 만든 버터이다. 나는 공물이며, 그것이 바쳐지는 불이다.

17. 나는 이 세상의 아버지(이슈와라, 형상으로 있는 신)이고, 이 세상의 어머니(물라 프라크리티, 원초적인 자연)이며 할아버지(순수한 신, 니르구나 신)이다. 나는 각자에게 그의 행위의 결과들을 주는 자이다. 나는 모든 것을 깨끗하게 만든다. 나는 옴이다. 나는 절대적 지식이다. 나는 또한 사마, 리그, 야주르 베다이다.

18. 나는 (이 온 우주의 모든 존재의) 기원이요, 소멸이요, 또한 토대요, (미래 존재가 즐길 수 있는) 보물 창고요, (모든 존재의 원천이 되는) 불멸의 씨앗이다. 나는 목표요, 유지자요, 신이요, (좋고 나쁜 행위의) 목격자요, (살아 있는 모든 존재의) 거처요, (고통 받는 이의) 피난처요, (어떤 보답도 기대하지 않고 좋은 것을 행하는) 벗이다.

19. 나는 열을 주며, 비를 내리게도 하고 멈추게도 한다. 나는 영원한 삶(신)이며 또한 (유한한 생명을 가진 자의) 죽음이다. 오, 아르주나,

나는 드러난 우주(존재, 현현)이며, 또한 숨어 있는 그것의 싹(비존재)이다.

## 베다 의식을 욕망을 가지고 행할 때의 결과들

20. 세 가지 베다들에 능통한 자들은 의식들로 나를 숭배하고, 신들의 성찬의 포도주를 마시며 그들의 죄를 씻는다. 이 사람들은 천국으로 가기 위해 기도해서 거대한 집 인드라의 영역에 이르고 그곳에서 그들은 천상의 즐거움을 누린다.

21. 그것들을 얻은 공덕이 모두 소진될 때까지 그들이 잠시 맛보는 어떤 세상의 즐거움보다 더 방대한 즐거움을 즐기다가 그들은 필멸의 세상으로 돌아온다. 이같이 세 베다들의 길을 따르면서 감각의 즐거움들을 추구하는 사람들은 가고 온다.

## 신은 자신의 헌신자의 필요한 것들을 돌보아 주신다.

22. 한결같은 헌신으로 나를 숭배하는 사람들에게 나는 필요한 모든 것들을 주고 그들이 이미 가진 것들을 잃지 않도록 지켜준다.

# 다른 헌신자들도 무지 속에서 신을 숭배하고 있다.

**23.** 오, 쿤티의 아들아! 믿음을 가지고 다른 데바들(하위의 신들, 아그니, 인드라, 수리야, 바루나, 바수스 등)을 숭배하는 헌신자들조차도 바른 이해를 가진 숭배는 아니지만(숭배되어야 할 것은 아트만이다.) 나를 숭배하고 있다.

**24.** 왜냐하면 나만이 모든 희생의 유일한 즐기는 자이기 때문이다. 그러나 그들은 정말로의 나를 아는 데 실패하기 때문에, 죽음이 있는 세상으로 돌아가야 한다.

**25.** 하위의 신(데바, 빛나는 존재)들을 숭배하는 사람들은 하위의 신들에게로 가고, 조상의 영의 숭배자들은 조상의 영에게로 가고, 자연의 힘(부타)들을 숭배하는 사람들은 그들에게로 가고, 나를 숭배하는 사람들은 나에게 올 것이다.

## 신에 대한 헌신의 쉬움

**26.** 누군가가 나(우주의 신, 온 우주의 생성과 유지와 파괴의 신. 모든 욕망이 충족된. 무한하고 희열로 계시는 분)에게 나뭇잎 하나, 꽃 한 송이, 과일 한 알,

물 한 모금을 주더라도 나는 그것을 받을 것이다. 그 선물은 사랑이며, 그의 가슴의 헌신이다.

27. 그러므로 아르주나, 그대가 무엇을 하든, 무엇을 먹든, 무엇을 숭배로 바치든, 무엇을 주든, 무슨 고행을 하든, 그것들을 내 앞에 공물로 두어라.

28. 이런 식으로 하면 그대는 좋고 나쁜 결과(영향)들의 굴레로부터 자유로워질 것이다. 포기(산야사. 모든 행위들의 결실들의 포기, 모든 것을 신에게 바치는 행위. 그것은 또한 행위의 요가이다.)의 요가에 고정되면, 그대는 해방될 것이다. 몸이 떨어져 나갈 때 나에게로 올 것이다.


## 신의 평등함

29. 나의 얼굴은 모든 창조물들에게 동등하다. 누구도 사랑하지 않고, 누구도 미워하지 않는다. 그럼에도 불구하고, 나의 헌신자들은 언제나 내 안에 산다. 나도 그들 안에 있다.

# 가장 악한 사람일지라도 헌신으로 구원을 얻는다.

30. 가장 악한 사람이 전적인 헌신으로 나를 숭배한다면, 그는 성자로 변화될 것이다. 나는 누구도 죄인으로 보지 않는다. 그 사람은 거룩하다.

31. 거룩함은 곧 그의 성품을 영원한 평화로 바꿀 것이다. 오, 쿤티의 아들아! 이것을 확신하라. 나를 사랑하는 사람, 그는 사라지지 않는다(삼사라로 가지 않는다. 곧 목샤를 성취한다.).

32. 오, 프리타의 아들아! 나에게 피난하는 사람들은 출생이나, 성이나, 신분에 관계없이 가장 높은 영적 깨달음에 도달할 수 있다.

## 헌신의 길

33. 그렇다면 이것이 거룩한 브람민과 경건한 현자–왕들에게도 사실이라고 내가 그대에게 말해야 하는가? 그대는 이 일시적이고, 기쁨이 없는 세상에 있는 자신을 발견한다. 그것으로부터 돌아서서 내 안에서 기뻐하라.

34. 그대의 가슴과 마음을 나로 가득 채우고, 나를 흠모하고, 그대의 모든 행동이 나에게 공물이 되게 하고, 항복으로 나에게 엎드려라. 만약 그대가 이렇게 나에게 그대의 가슴을 두고 나를 다른 모든 것들보다 위에 있는 그대의 이상으로 삼는다면, 그대는 나의 존재 안으로 들어올 것이다.

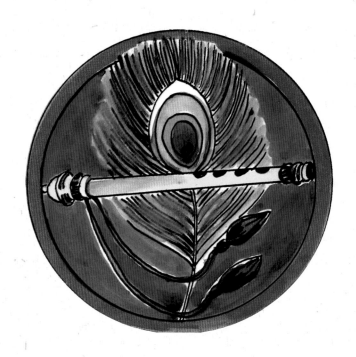

# 제10장
# 무엇을 명상해야 합니까?

## 신은 모든 현현들의 근원이다.

**크리슈나**

1. 오, 전사여! 그대가 나의 말에 크게 기뻐하기에, 그대의 행복을 바라 내가 반복하여 말을 할 것이니 다시 나의 지고한 말을 들어보라.

2. 위대한 리쉬들과 데바들이 어떻게 나의 기원을 알 수 있겠는가? 왜냐하면 나는 리쉬들과 데바들의 기원이며 그들을 지탱하는 자이기 때문이다.

3. 내가 탄생이 없고, 결코 시작이 없으며, 세상들의 위대한 지배자라고 아는 사람들만이 모든 죄들로 얼룩지지 않고 있으며, 망상으로 마음이 괴롭지 않다.

**4.** 지성(미세한 대상을 파악하는 힘), 나에 대한 지식, 망상(환영) 없음, 인내, 진실(정직), 감각과 마음의 통제(자제), 기쁨(모든 존재들을 호의적으로 대함으로 오는), 고통(슬픔, 모든 존재들을 비우호적으로 대함으로 오는), 탄생, 죽음, 두려움, 두려움 없음(안정),

**5.** 어떤 생명체에게도 해를 끼치지 않는 것(천진), 흔들리지 않는 마음(평등, 평온), (무슨 대상에라도) 만족하는 가슴, 고행(감각들의 자제, 음식의 절제 등), 주는 자의 손, 명예, 오명(부끄러움) 등. 이것들은 오직 나에 의해 배당되는 것들이다.

**6.** 나의 생각으로부터 일곱 명의 위대한 현자들(대우주의 생성과 관련), 고대의 네 마누들(소우주의 생성과 관련)이 나왔다. 이렇게 나는 지구의 모든 아이들을 처음으로 낳은 자들을 낳았다. 세상의 생명체들이 그들로부터 나왔다.

**7.** 나의 힘과 현현들의 신비를 진정으로 아는 사람은 의심할 여지없이 나와 하나에 살며 그것이 흔들리지 않을 것이다. 이것을 확신하라(개미에서 창조자에 이르기까지 신을 제외하면 아무것도 없다. 모든 존재들에서 신을 보며 신 안에서 모든 존재들을 본다. 그는 신과 그분의 현현들이 하나라는 것을 깨닫는다.).

**8.** 나는 모든 것의 근원이다. 나로부터 모든 것이 나온다. 현명

한 사람들은 이것을 이해하고 지고의 실재를 깊이 명상한다(그래서 기술할 수 없는 무상 사마디의 희열을 즐긴다.).

9. 그들의 마음과 감각(프라나)들은 나에게 잠겨있다. 나만이 그들의 담화의 주제(이 세상을 포기할 무슨 이유가 있는가? 내가 나의 것이라고 부를 수 있는 것은 아무것도 없다. 모든 것은 이미 당신의 것이다.)이다. 이렇게 그들은 서로 기뻐하며, 희열과 만족함으로 살아간다.

## 신은 자신의 헌신자들에게 깨달음을 준다.

10. 그들은 언제나 그들의 지배자를 자각하고, 항상 사랑으로 숭배한다. 그러므로 그들의 이해의 요가에 불이 비추어져 나에게로 인도된다.

11. 그들에 대한 연민으로 나는 그들의 무지한 가슴 안에 살고 있다. 나는 지식이고, 그것의 어두움을 몰아내는 빛나는 등불이다.

# 신의 현현들에 대한 아르주나의 질문

**아르주나**

12. 당신께서는 최고의 거처, 지고한 존재, 지고한 정화자, 스스로 빛을 내는 영, 신들 중의 최초, 태어남이 없는 영원한 신이십니다.

13. 위대한 현자들과 예언가들, 즉 나라다, 아시타, 데발라, 비야사도 그랬습니다. 그리고 당신의 입술이 그것을 확신시켜 주었기에 이제 저 또한 들었습니다.

14. 크리슈나시여! 이것이 당신께서 말씀하시는 진리입니다. 저의 가슴은 당신을 믿으라고 명령합니다. 데바들의 신, 세상의 지배자, 삶의 근원, 오, 모든 생명체들의 왕이시여! 데바들이나 악마들이 당신의 영광의 정도를 어떻게 알겠습니까?

15. 오, 지고한 푸루샤(푸루숏타마)시여! 오, 존재들의 근원이시여! 오, 존재들의 신이시여! 오, 신들의 신이시여! 오, 세상의 지배자시여! 당신이 누구이신자는 당신만이 아십니다. 당신의 가장 안에 있는 성품의 그 빛으로.

**16.** 그러니 이제 저를 가르쳐주십시오.[12] 어떤 것도 숨기지 마십시오. 당신의 모습 전체가 세 세상들에 널리 퍼져계십니다.

**17.** 오, 요기의 위대한 스승이시여! 저의 명상이 어떻게 당신을 알게 만드는지 말해주십시오. 어떤 형상들과 변장들 아래에서 제가 당신을 보는 법을 배워야 하는지 보여주십시오. 오, 주인이시여!

**18.** 오, 자나르다나시여! 당신의 신비로운 힘들과 당신의 현현들에 대하여 번호를 붙여가며 자세하게 말씀하여 주십시오. 저는 불멸의 말씀을 듣는 것에 결코 싫증나지 않을 것입니다.

## 신의 현현들에 대한 그분의 열거

### 크리슈나

**19.** 이제 나는 그대에게 나의 신성한 현현들을 알려주겠다. 그러나 이것들 중에서 두드러진 것들만 말할 것이다. 쿠루 족 가운데 최고인 자여! 왜냐하면 덜 중요한 것들까지 말한다면 끝도 없을 것이기 때문이다.

---

12 모두가 알아야 하는 당신의 성품이 다른 사람들의 눈에는 보이지 않기 때문이다.

**20.** 오, 구다케사! 나는 모든 존재들의 가슴에 있는 아트만이다. 나는 모든 존재들의 시작, 중간과 끝이다.

**21.** 아디티야(12의 빛의 데바, 열두 명의 천계에 있는 빛나는 존재들)들 중에서는 나는 비슈누(우주의 유지자)이다. 나는 빛을 주는 것들 중에서는 빛나는 태양이다. 나는 바람의 데바 마리치(태양과 달의 빛)이다. 밤의 별들 중에서는 나는 달이다(이러한 것들을 신의 형상으로 명상할 수 있다.).

**22.** 베다들 중에서는 나는 사마 베다(리그베다의 정수. 송가에 아름다운 멜로디가 있어서 넷 중에서 최고라고 여겨진다.)이다. 나는 천상의 왕 인드라(하늘에 있는 데바들 중 최고)이다. 감각들 중에서는 나는 마음이다. 나는 살아 있는 것들 안에 있는 지성이다.

**23.** 무지를 추방하는 자(루드라)들 중에서는 나는 쉬바이다. 나는 부의 신인 쿠베라(아스트랄 부의 데바)이다. 나는 불의 정령(아그니)이다. 나는 산봉우리들 중에서는 메루(신화에 나오는 가장 높은 황금의 산, 우주의 중심으로 여겨진다. 비유적으로 신이 영혼으로서 거주하고 있는 뇌의 가장 높은 부분. 몸 안에 있는 신성한 의식의 최고 자리)이다.

**24.** 오, 프리타의 아들아! 나는 사제들 가운데 첫 번째인 브리하스파티(기도의 신, 모든 진정한 구루 안에 자신이 나타난다고 선언한다.)이다. 전사

들 중에서는 나는 사령관인 스칸다(카르티케야. 스브라만얌의 다른 이름. 쉬바의 아들. 데바들의 전사)이다. 물들 중에서는 나는 바다(어느 의미에서 의식. 신의 편재성의 상징)이다.

**25.** 위대한 리쉬들 중에서는 나는 브리구(창조자의 아들의 아들. 불의 영으로 그의 신비로운 힘으로 제단의 불이 켜진다. 그는 자각을 잃지 않은 채 활동할 수 있었다 한다.)이다. 말들 중에서는 나는 신성한 음절 '옴'(절대자의 이름. 신의 힘이 축적되어 있다고 한다.)이다. 나는 자파(만트라의 조용한 반복)의 맹세이다. 움직일 수 없는 것들 중에서는 나는 히말라야이다.

**26.** 나무들 중에서는 나는 거룩한 무화과나무(아슈왓타. 우주 나무의 상징. 인간의 몸의 상징. 뿌리는 신에 있으며 가지는 지상에 있다.)이다. 신성한 현자들 중에서는 나는 나라다(크리슈나의 헌신자이자 깨달음을 얻은 현자. 그는 지상과 아스트랄의 많은 현자들을 깨닫도록 도왔고 도우고 있다.)이다. 천상의 음악가들 중에서는 칫트라타이다. 완벽한 영혼들 중에서는 나는 카필라(의지로 감각 대상들로부터 마음을 철수시켜 '한 분과 하나 된'이라는 의미. 샹키야 철학의 영감을 받아 책을 쓴 저자. 그의 철학은 파탄잘리, 바가바드 기타, 카타 우파니샤드, 붓다 등에 영향을 줌. 마음 너머로 가서 의식의 바탕에 이른 사람이라는 의미.)이다.

**27.** 말들 중에서는 나는 불사의 암리타의 바다로부터 태어난 웃차이슈라바스(삼사라는 탄생과 죽음이 끝없이 있는 이 세상의 삶. 유일한 희열은 아트

만 지식을 얻는 것이다. 우유의 바다를 휘저음으로 태어난 말. 태양의 신의 말들 중 하나. 생명의 흐름을 위로 들어 올리는 것을 의미한다. 웃차이스는 위로, 높은 곳으로, 슈라바스는 생명력의 활발한 흐름의 의미)이다. 위엄 있는 코끼리들 중에서는 나는 아이라바타(우유의 바다가 저어졌을 때 나온 인드라의 코끼리. 인드라는 감각을 정복한 이라는 의미. 신은 감각 정복자의 놀랄만한 지혜 안에서 나타난다.)이다. 사람들 중에서는 나는 왕(자아와 감각들과 동일시될 때, 그는 노예라고 말해진다. 요가로 그가 영혼의 초의식의 희열의 왕관으로 올라갈 때, 그는 자신의 몸의 왕국의 지고한 통치자가 된다. 감각의 노예가 된 사람보다는 왕과 같은 요기에서 신이 나타난다.)이다.

**28.** 무기들 중에서는 나는 금강저(데바의 우두머리인 인드라가 지니고 있는 우주적 악마를 이겼던 무기. 다디치의 뼈로 만들어진 무기 벼락. 지상의 어떤 힘으로도 부서질 수 없는 자기 없음의 상징. 데바들은 세상의 힘과 폭력에 매우 고통스러워했다. 그래서 그들은 인드라에게로 가서 이 폭력과 분리를 정복할 방법을 가질 수 있기를 희망했다. 그러자 그는 내가 우선 무적의 무기를 가져야겠다. 그 무기는 순수하고 완전한 현자의 뼈로 만들어져야 한다고 그는 생각했다. 많은 현자들을 만났지만 뼈를 내주는 현자를 발견할 수 없었다. 그런데 한 현자가 그들의 말을 듣고 말했다. "나의 몸은 당신의 것입니다. 내가 명상을 하여 신과 하나가 되고 몸을 벗을 테니 그것을 인류의 행복을 위해 사용하십시오."라고 했다. 빛과 소리를 내는 강력한 벼락은 우주적 창조의 진동이라고 할 수 있다. 신은 종종 우레를 통해서 말한다. 물질에서 신의 첫 번째 표현은 말 즉 우주적 진동이다. 인간의 몸이라는 소우주에서는 프라나이다. 이 가공할 힘의 마스트가 미혹에 대항하는 요기의 최선의 무기이다.)이다. 소들 중에서는 나는 천상의 소 카마두크(카마데누, 바시슈타의 신비로운 젖소. 바라는 모든 것을 생

산해 냈다. 오점이 있으면 젖소는 그것을 생산해 내지 않을 것이다.)**이다. 나는 성의 힘인 칸다르파**(카마데바라고도 함. 욕망. 신은 성의 힘. 성은 생명의 열쇠. 모든 것을 창조하려는 우주적 의식)**이다. 파충류들 중에서는 나는 바수키**(우주의 바다를 휘저을 때 사용된 뱀. 그것은 또한 아스트랄 척추의 기저에 있는 구불구불한 창조적 에너지인 쿤달리니의 상징. 이 힘이 미혹 속에서 잠자고 있을 때, 그것은 아래로, 바깥으로 흐르며 모든 감각들을 부양한다. 순수한 쿤달리니의 힘이 요가에 의해 일깨워질 때, 그것은 의식의 가장 중심인 뇌로 올라가 영의 희열로 변형된다. 이 위로 올라가는 구불구불한 흐름이 바수키. 그것은 신성한 깨달음의 결과를 낳는다.)**이다.**

**29.** **성스러운 우주의 파충류들 중에서는 나는 아난타**(뱀의 영원한 왕인 아난타는 우주적 미혹을 있게 하는 모든 기만적인 힘의 데바이다. 28 수트라에서 언급한 파충류는 바수키인데, 인간 존재의 소우주 내에 있는 쿤달리니 힘의 나선모양의 힘인 데 반해, 아난타는 우주적 원리의 대우주에 대한 것이다. 아난타의 의미는 끝이 없는 이다. 아난타의 다른 이름인 세샤는 창조의 기간 사이에 있는 해체 기간 동안 잠자고 있는 보존자인 비슈누 위를 천개의 덮개로 닫집 모양을 만들고 있다. 세샤 즉 '머무르는 것'은 다음 창조의 기간에 새로운 표현을 기다리는 잠재된 상태에 있는 보존된 잠재력을 의미한다. 활동적인 창조 동안에 세샤 즉 아난타는 현현의 모든 것을 지지하는 것으로 나타난다. 프라크리티는 활동과 정지의 상태에서 영원한 즉 아난타이다.)**이다. 물에 사는 존재들 중에서는 나는 바루나**(모든 것을 에워싸고 있는 바다의 데바. 신은 바다 같은 우주적 의식이다.)**이다. 선조들 중에서는 나는 아리야만**(조상에서 고귀한 모든 것의 상징. 우리 전에 간 사람들에게 큰 빚을 지고 있다는 것에 대한 기억. 그것은 창조적 빛 즉 부모의 부모이다. 신과 그의 배우자인 마하

프라크리티가 아리야마의 빛, 즉 아스트랄 형상의 최초의 부모인 지고한 우주적 광선을 만들어

낸다.)이다. **지배하는 힘 중에서는 나는 죽음의 데바인 야마**(우주를 통제하

는 힘들 중에서는 나는 야마 즉 죽음의 데바이다. 야마는 문헌에서는 두려운 모습을 하고 있지

만, 그의 메시지를 듣기를 원하는 사람에게는 그는 스승이다. 그는 우리에게 명상이 왜 필요한

지를 말할 것이며 또한 몸과의 동일시를 처음이자 마지막으로 극복하라고 가르칠 것이다. 그렇

지 못한 개인이 죽으면, 그는 그 개인의 카르마의 공적에 따라 아스트랄 세계의 어둡거나 밝은

지역으로 안내한다. 야마의 문자적 의미는 통제이다. 자기 통제의 모든 유형 중 최고는 생명의

원리의 통제와 관련이 있다. 완전한 자기 통제를 얻은 요기는 삶과 죽음을 의식적으로 통제할

수 있다. 야마는 죽은 후의 지역의 자유로운 여행자이며 또한 진동의 오점 너머에 있는 한계가

없는 영에 있다. 야마는 모든 살아있는 존재의 좋고 나쁜 행위의 목격자이자 기록자이다.)이

**다.**


**30. 악마의 자손들 중에서는 나는 프라흘라다**(아버지는 비슈누의 이

름조차도 미워한 악마 히란야카시푸였다. 그는 폭력이 난무하는 곳에서 자랐다. 어릴 때부터

모든 나쁜 행위들을 포기하고 마음에 신이 자리 잡았다. 그의 아버지는 그런 아들을 여러 방법

들로 고문했다. 그러나 그는 삶에 있는 신성한 하나에 자신의 눈을 확고하게 고정시켰다. 그의

이름은 신성한 축복으로 가득 찬, 신성한 즐거움에 기뻐하는 자라는 의미이다. 그는 아버지의

분노와 박해를 견디면서 신에 대한 무한한 헌신에 흔들리지 않았다. 요기가 자신의 몸에 있는

미혹에 묶인 힘을 거슬러 그것을 신 쪽으로 돌릴 때, 그는 프라흘라다가 된다. 그와 같은 신성

한 사람은 신과의 결합을 얻는다. 그는 헌신자의 예로 추앙받고 있다.)이다. **측정하는 것**

**들 중에서는 나는 시간**(신은 변화하지 않고 나눌 수 없는 영원한 의식이다. 꿈꾸는 사

람이 자신의 꿈속에서 세상을 두루 여행할 때. 그는 시간과 공간 안에서가 아니라 단지 자신의 의식 속에서 그렇게 한다. 이와 마찬가지로 우주적 꿈은 거대한 공간 내에서나 과거, 현재와 미래의 시간 시리즈 내에서가 아니라, 신의 꿈의 의식의 영원한 현재 내에서 일어나고 있다. 신은 역사와는 관련이 없다. 시간은 인간의 잘못된 개념일 뿐이다. 왜냐하면 신은 자신의 늘 현재인 꿈의 의식에서 온 우주를 만들고 또 소멸시킬 수도 있다. 소멸시키려면 해야만 하는 모든 것은 이 세상을 꿈꾸기를 그만두는 것이다. 그러면 그것은 존재하기를 그칠 것이다..., 변덕스러운 시간과 공간이라는 범주는 우주의 꿈꾸는 자의 환영이다. 이 우주의 꿈의 내용과 신의 꿈꾸는 힘을 깨달은 사람은 잘못으로 나아가게 하는 자연의 환영에 더 이상 의존하지 않는다. 그들은 영원한 의식을, 유일한 시간을 바라보며, 변화를 고통스러워하지 않는다.)이다. 짐승들 중에서는 나는 사자(동물의 왕)이다. 새들 중에서는 나는 나를 등에 태워 안전하게 나를 수 있는 가루다(비슈누의 이동수단, 그 새는 뱀의 적이다. 부분적인 발전을 본 헌신자는 사마디라는 자유로운 하늘을 올라갈 수 있지만, 뱀과 같은 포식자 즉 미혹의 힘으로 다시 되돌아와야만 한다. 그러나 자유롭게 된 영혼은 미혹으로부터 영원히 떠나 신과 하나가 된다. 그는 황금빛의 가루다 즉 신은 미혹을 먹는 분이다.)이다.

**31.** 정화하는 것들 중에서는 나는 바람(바람 혹은 공기는 생멸의 숨결이다. 그것을 통해서 신은 식물, 동물과 사람을 지탱한다. 그분의 정화하는 힘이 우주 전체에 활동하는 모든 바람의 흐름으로 나타난다. 바람은 공기 중에 있는 냄새와 병균을 날려버린다. 바람은 강력한 정화자이다. 불순물을 막아주는 바람이 없이는 대기는 생명을 지탱하기를 계속하지 못할 것이다. 고대 문화에서 바람은 선과 악 둘 다에 대해 굉장한 영향을 지닌 신성한 힘으로 정의되었다. 다른 사람에게 유익하게 사는 사람은 정화자이기도 하다. 또 생명을 주는 미묘

한 바이탈 공기를 프라나라고도 한다. 프라나의 통제는 영혼을 몸에 묶고 있는 코드의 통제를 낳는다. 사마디의 호흡이 없는 신 의식을 일어나게 한다.)이다. 전사들 중에서는 나는 라마(비슈누의 화신으로 존경을 받고 있다. 그는 완벽한 아들, 완벽한 남편, 완벽한 왕이었다. 고대 인도의 위대하고 고결한 왕, 그가 통치할 때는 죽음도 질병도 그의 왕국에 닿지 않았다고 한다. 위대한 정의의 행위에서 그는 모든 사악한 적을 정복시킨 신성한 무기를 가지고 있었다. 그 무기 가운데서 가장 강한 것은 미혹이라는 자신의 내적 적의 정복자이다. 그도 그랬다. 그의 아내는 시타였다. 영적인 의미에서는 라마는 신을 시타는 인간의 영을 상징한다고 할 수 있다.)이다. 물고기들 중에서는 나는 상어(바다의 데바인 바루나의 운송수단. 카마데바의 휘장에 보인다. 영적인 의미로는 인간의 의식에 내재하고 있는 신의 현존, 헌신자의 갈망의 모든 작은 물고기를 잡아먹는 신성한 포식자이다. 인간의 의식에 내재하는 신의 현존이 사마디 의식에서 활동적이게 된다.)이다. 강들 중에서는 나는 갠지스 강(강가라고도 한다. 인도의 모든 강들 중에서 가장 성스럽다고 여겨진다. 그 강에서 목욕하고 그 강 둑에서 명상하고 해방을 얻었던 많은 성자를 통하여 신의 축복을 받는다고 한다. 상징적으로 갠지스는 해방된 요기에게 내재하는 끊임없이 흐르는 직관의 지혜이다. 그것은 또한 오점이 없는 수슘나의 생명의 흐름을 나타낸다. 그것은 아스트랄 척추의 미저골에서 뇌의 천 개의 연꽃으로 흐른다고 한다. 요기의 생명력과 영혼의 자각은 신체의 물질적 족쇄들로부터 풀려나 영의 축복의 해안이라는 이 생명의 강으로 흐른다고 한다.)이다.


**32.** 나는 모든 창조물들 중에서는 그들의 시작이요, 중간이며 끝(신은 모든 존재들을 창조하고, 유지시키고, 그리고 자신에게로 불러들인다. 그들의 오고 감의 모든 책임을 떠맡고 있다. 신은 모든 대상화된 꿈 이미지를 그분의 의식 안으로 불러들인

다. 신은 모든 것 안에 있는 본질적 정수이다. 그분이 없으면 아무런 생명이 없을 것이다. 생명이 없이는 창조는 불가능하다.)**이다. 모든 지식들 중에서는 나는 나를 아는 지식**(심지어 신은 존재의 덧없는 필멸의 형태로 있는 모든 존재 안에 있는 내재하는 영원한 나이다. 인간의 지식은 아무리 확장된다 하더라도 창조자의 유일한 드러남인 영혼의 지혜, 직관적인 지각이 없이는 항상 제한적이다.)**이다. 논쟁자들 중에서는 나는 식별의 논리**(바다vada, 신의 내재하는 현존이 없이는 인식, 이성, 논쟁에는 아무런 힘이 없을 것이다.)**이다.**

**33. 알파벳 중에서는 나는 철자 A**(크샤라는 소멸하는 것이고, 악샤라는 소멸하지 않는 것이다. 아이 때 배우는 알파벳은 죽을 때까지 아니면 무의식적으로 나온다. 글자는 모음과 자음으로 나뉘어 있다. 어떤 자음도 모음의 도움이 없이는 발음될 수 없다. 글자 a는 알파벳에서 첫 번째이다. 이들 가운데 '아'는 aum의 첫 번째 글자이다. 옴이라는 우주적 소리는 모든 소리의 어머니이다. 옴은 자연의 창조적, 보존적, 파괴적 진동의 집단이다. 그러므로 그것은 신의 단어이다. 왜냐하면 그것은 기원, 존재의 무한한 근원, 자연의 양상을 내보내는 힘이기 때문이다. 힌두 경전에서는 신성한 단어 옴을 찬팅하는 것을 강조한다. 신이 창조 안에 존재한다는 것을 선언하는 이 성스러운 진동의 소리를 깊은 명상 중에 듣는 것을 강조한다.)**이다. 합성어들 중에서는 연결사 드반드바**(산스크리트는 물리적 수준에서 상반되는 것을 나타내는 연결어가 많다. 쾌락과 고통, 이익과 손실, 승리와 패배. 이원성은 변화하는 세상의 본질이다. 만약 우리가 자유 속에서 살고자 한다면, 분리를 낳고 삶이 하나라는 것을 가로막는 이원성이라는 안개를 추방하는 것을 배워야 한다.)**이다. 나는 끝이 없는 시간**(신은 또한 무한한 시간이라고 말한다. 이것은 영원한 현재를 의미한다. 우리는 변화하는 세상에 대한 모든 자각을 불러들인 깊은 명상의 상태에서 이를 느낀다. 시간의 변화를 지각하

는 것은 마음이다. 영원불변의 시간 속에서 환영이라는 춤을 춘다. 이 장의 수트라 30은 인간

의 시간에 대한 이해에 대해, 자연에 의하여 부과된, 자연의 현상에 불과한 '측정하는 것의 하

나' 중 하나로 언급했다. 이 수트라는 신의 영원한 지속하는 의식, 유일한 시간을 언급한다. 신

은 늘 변하는 모든 창조의 환영과 같은 꿈의 영원한 그릇으로 여긴다.)이다. 나는 행위의

결과들을 배분하는 자(운명이 권위적인 신에 의해 완전히 정해진다는 것을 의미하지는

않는다. 우리는 결과가 우리의 노력 때문이라고 생각하지 않아야 한다. '결과는 신의 축복'이라

는 태도를 지녀야 할 것이다. 삶이라는 어려운 시기에 대해서 신에게 감사해야 할 것이다. 신은

우리에게 과거의 우리 죄를 처벌했고 그래서 우리로 하여금 바사나의 흔적을 태우도록 도와주

고 있다고 생각해야 한다. 그러나 신은 인간에게 운명에 반응할 힘을 주었다. 모든 인간은 신으

로부터 자유 의지를 선물 받았고 그것을 사용하여 그 자신과 세상의 환경을 변화시킬 수 있다.

자유의지라는 바로 이 힘이 인간에게 내재하는 신의 모습의 표현이다.)이다. 나의 얼굴

은 어디에나 있다.


**34.** 나는 모두를 잡아채는 죽음(이 장에서 신은 계속해서 우리를 집으로

오게 하고 있다. 신은 생명과 사랑이지만, 또한 죽음이다. 아무리 훌륭한 스승일지라도 죽음을

우리의 의식에 각인시키지는 못할 것이다. 각인된다면 모든 시간을 수행에 사용할 것이다. 삶

과 죽음은 우주 현현의 번갈아 일어나는 과정이다. 하나는 다른 것이 없이는 있을 수 없다. 파

괴와 창조는 함께 한다. 신은 인간이 죽음 너머로 가기를 인내심을 가지고 기다린다. 그러기 전

에는 우주의 현상인 삶과 죽음의 지배를 받을 것이다.)이다. 나는 또한 태어날 모든

것의 근원이다. 나는 영광, 번영, 아름다운 말, 기억, 한결같음과 용서

이다.

**35.** 나는 베다 찬가들 중에서는 아름다운 브리하트 사마(수트라 22에서는 신은 베다들 가운데 사마 베다라 한다. 사마 베다의 모든 송가들 중에서 브리하트는 가장 어렵고 복잡하다. 이 운율로 노래한 송가가 브리하트 사마이다. 브리하트 사마는 사마 베다 가운데 최고이다. 운율 그리고 분절법의 특별한 공식인 신성한 베다 송가는 강한 진동의 힘 때문에 노래 부른다.)이다. 시의 운율들 중에서는 나는 가야트리(태양의 신에게 드리는 송가. 그 뜻은 '우리는 신성한 태양의 더할 나위 없는 빛을 명상합니다. 당신이시여, 우리의 마음을 비추어 주소서.'이다.)이다. 월들 중에서는 나는 1월(겨울, 11월과 12월에 걸쳐있는 말가시르샤 달은 일 년 중 가장 상서롭고 건강한 기간으로 여긴다. 이 시원한 겨울의 달은 앞선 여름의 열기와 몬순의 습기 속에 퍼져 있던 많은 세균과 박테리아를 파괴하거나 활동을 정지시킨다.)이다. 계절들 중에서는 나는 꽃피는 계절인 봄(쿠수마카라. 꽃이 만발한 봄에 자연이 바빠 그녀의 재탄생을 준비하여 방대한 자손을 돌볼 때 신은 그의 배우자인 자연을 비길 데 없는 장신구인 색의 꽃으로 장식한다. 꽃이 만발한 이라는 것은 영혼의 성취 시간을 비유적으로 말한 것이다. 수련 기간 동안의 요기는 여러 해 동안의 격렬한 명상의 시기에 태어나기 전의 본능과 정신적 동요와 투쟁한다. 헌신적 끈기의 결과로 그는 마침내 지혜의 찬란한 꽃을 맞이한다. 그의 척추의 미묘한 중심의 미세한 부분에서 영적인 꽃이 만발하고, 두뇌가 열려 많은 깨달음의 향기로 그를 채운다. 이 꽃이 만발한 정원에서, 요기의 명상의 노력은 탄생 전과 후의 카르마의 모든 흔적, 자아와 자아의 환영의 힘에 맞서고 적절한 시기에 그것을 제거한다. 그는 척추의 중심부를 통해 열린 신성의 길을 따라 뇌의 가장 높은 부위에 있는 우주적 의식의 정상까지 올라 거기서 영혼의 해방에 이른다. 이것은 상서로운 달인 말가시르샤의 인용 즉 말가 '신성한 길', 시르샤는 말 그대로 '머리 또는 가장 높은 부분' 즉 뇌의 우주적 의식의 최고의 중심, 해방을 향한 문, 요기의 노력의 '최고의 정점'을 상징적으로 보여준

다.)이다.

**36.** 나는 속이는 것 중에서는 주사위 놀이(지성이라고 번역하는 사람이 있다. 지성을 사용한다고 해석한다. 크리슈나는 도박을 장려하지 않는다. 그는 좋고 나쁜 모든 것에서 같다. 그는 행위 뒤에 있는 원리이다. 행위는 게임이다. 게임을 진정한 정신에서 너무 멀리 데려가서는 안 된다.)이다. **화려한 것들 중에서는 나는 화려함**(다음에 나오는 것을 포함하여 이 모든 것들은 그분의 현현이다. 자신의 화려함은 자신의 자기 노력으로 취해진 것이 아니다. 신의 은총이다.)이다. **나는 승리이다. 나는 강한 자들의 힘이다. 나는 인내**(성공으로 나아가게 한다. 그것은 신성한 자질이다. 인내 바로 그 자체에 신이 있다.)이다. **나는 선한 자들의 선함**(삿트와 구나, 이것은 나에 가깝다. 신의 우주적 환영의 영화를 통과할 때, 타마스와 라자스와 삿트와라는 세 가지 구나로 드리워진 그늘을 통과하게 된다. 사악하거나 어두운 개념으로부터 자신을 온전히 분리시키지 못하는 사람도 있다. 그러나 무애착, 옳은 행동, 요가의 수행으로 우주적 환영에게 맞서 형세를 역전시키고 우위를 차지하는 법을 배우는 사람도 있다. 신은 선량하고 순결함인 삿트와가 자신을 정복한 자 안에서 드러난다. 이윽고 간혹 모습을 드러내는 신의 숨바꼭질에 그는 황홀하게 놀란다. 요기가 잠깐일지라도 그의 의식 속에서 신의 완전한 깨달음을 성취하면, 그의 몸과 마음은 찬란히 빛나는 에너지로 전율하고 그의 몸의 털이 쭈뼛하게 선다. 내면의 신성한 광휘는 그의 몸 전체, 마음 그리고 영혼을 위없는 희열로 채우고, 하물며 거친 몸조차도 신성한 영적 광채로 미묘하게 빛나며 고요한 눈은 보이지 않는 축복의 눈물로 반짝인다. 그는 모든 것을 포용하는 영혼의 흠모로 우주적 사랑의 영혼을 숭배하고 자신의 영혼이 영적 축복이 된다. 궁극적 사마디 상태에서 요기의 의식은 자신의 나의 자각을 놓치지 않고 편재하는 신의 의식으로 확장된다.)

이다.

**37.** 브리슈니들 중에서는 나는 크리슈나(바수데바의 아들, 크리슈나
는 영원하고 변하지 않는 무한한 실재이다. 모든 기쁨, 모든 안전, 모든 아름다움과 모든 지혜
의 근원이 신이다. 그것은 우리 의식의 가장 근원에 있다. 그러나 역사적 측면에서는 지상에 태
어난 화신이다.)이다. 판다바들 중에서는 나는 아르주나(그는 황홀에 녹았음에
틀림이 없다. 그는 자신의 모든 것을 크리슈나에게 주었다. 그의 눈은 오직 크리슈나만을 보았
다. 그는 크리슈나 외는 다른 것을 생각하지 않았다. 그의 모든 의식은 신에 대한 사랑으로 채
워져 있었다.)이다. 현자들 중에서는 나는 비야사(신과의 무아의 교감에 고정된 성
인. 무니 중 가장 중요한 분으로 여겨진다. 그는 사마디 상태 즉 움직임이 없는 상태에 있다.)
이다. 시인들 중에서는 나는 우샤나스(카차의 구루. 죽은 이를 살려내는 힘을 지
닌 고대의 시인이자 현자.)이다.

**38.** 나는 형벌을 할당하는 홀(笏)(회초리는 신의 원인과 결과의 법칙, 카르
마, 궁극의 훈육자이다. 신은 입법자이지만 또한 법이며 법을 집행하는 자이다. 그것은 때리는
막대기가 아니라 법이다. 신은 분노와 마음으로 벌하는 것이 아니라 교정과 교육으로 한다. 그
릇된 사람이 인간이 만든 법의 형벌을 피할 수는 있지만 카르마의 정의는 막을 수 없다. 성경도
또한 "너의 회초리와 너의 지팡이, 그것들이 내게 위안을 준다"에서 카르마의 법칙을 '회초리'
로 언급하고 있다. 욥은 정의로운 이들이 고통을 받고 사악한 이들이 큰 물질적 성공과 기쁨을
누린다고 애통해하며 "그들의 집은 두려움으로부터 안전하고, 신의 회초리는 그들에게 미치
지 않습니다."라고 했다. 그러나 그는 "얼마나 자주 사악한 이들의 촛불이 꺼지고 얼마나 자주

그들에게 파멸이 다가오는지! 신은 그의 분노 속에서 슬픔을 배분합니다."라고 다 알고 있다는 듯 결론짓는다. 카르마의 법칙은 정의를 실천한다. 사악한 이들이 잠시 지난 과거의 좋은 카르마의 보상을 즐길지도 모른다. 그러나 현재의 사악함은 분명히 그 대가를 치를 것이다.)이다. 정복하고자 하는 자들의 정치력(모든 것을 정복하는 신의 힘은 바른 행위와 고귀한 동기 그리고 목표에서 드러난다. 이것은 신선한 과학이며 예술이다. 그것을 통해 신의 카르마의 법칙은 용맹한 이들에게 승리를 선사한다.)이다. 비밀스러운 것들 중에서는 나는 침묵(신은 창조되지 않는 침묵이다. 신은 우주 내에 존재하는 자연의 모든 힘과 물질에 숨어 있는 잠재된 침묵이다. 자연의 존재는 오직 마야가 내보이는 거친 모습이다. 숨어 있는 미스터리는 보기 어렵다. 우주의 꿈같은 현상계에 내재하는 신의 고요한 현존은 최고의 비밀이다. 한계를 지닌 인간의 마음으로는 결코 발견할 수 없다.)이다. 나를 아는 현자들 중에서는 나는 지식(오직 신성한 깨달음을 통해서만 우리는 신과 진리를 알고 그가 안다는 사실을 이해한다. 신은 그 아는 사람의 지각, 의식이다. 구도자의 몸 의식과 생각이 고요해지면 그는 그 고요함 안에서 자신에게 내재하는 신의 상상할 수 없는 환희를 발견한다. 그는 진정으로 아는 사람, 영원불멸의 지혜가 함께하는 이가 된다.)이다.

**39.** 나는 모든 존재의 씨앗이다. 오, 아르주나! 이 세상에는 내가 아니고는 움직이는 것이든 움직이지 않는 것이든 아무것도 존재할 수 없다(나는 모든 창조물의 씨앗이다. 나는 모든 것의 나이다. 나가 없으면 모든 것은 순야 즉 텅 빌 것이기 때문이다. 그러므로 모든 것은 나의 성품을 가지고 있다. 즉 나는 모든 것들의 본질이다. 이것을 알면 우리는 신이 우리 안에 있으며, 우리의 주위에 있으며, 모든 곳에 있다는 것을 깨달을 것이다. 씨앗은 또한 잠재적 상태이다. 좋은 환경이 있으면 그것은 나타나고 성

장할 것이다. 우리의 매일의 삶에서 우리가 잠을 잘 때 우리는 잠재적 상태에 있다. 깨어나면 활동을 한다. 히란야가르바 즉 잠재적 상태가 온 우주의 씨앗이다. 이렇게 말을 함으로써 신은 자신을 온 우주의 전체 원인과 동일시한다. 자연은 그분의 몸이다.).

**40.** 나의 신성한 현현들에는 한계가 없고, 그것들을 셀 수도 없다. 오, 적들을 정복하는 자여! 내가 그대에게 설명한 것은 나의 셀 수 없는 형태들 중의 일부분(실제로 누구도 모든 것의 나인 신성한 영광의 정확한 범위를 알거나 묘사할 수는 결코 없다. 물질적 우주의 창조, 보존, 그리고 소멸 속에서 그리고 그들의 꿈속 배우의 경험 안에서 상연되는 꿈의 드라마는 셀 수 없이 많다. 모든 것이 신의 힘의 현현이다. 끊임없이 변하는 무한함. 어떻게 그 무한함이 온전히 정의 내려질 수 있겠는가?)일 **뿐** 이다.

**41.** 이 세상에 있는 어떤 것이 아무리 힘이 있고, 아름답거나 영광스러운 것이라고 해도, 그것이 나의 능력과 영광의 한 조각으로부터 나왔음을 알라.

**42.** 하지만 그대가 이 방대하게 많은 것들을 알 필요가 있는가? 오, 아르주나! 오직 내가 존재한다(I am)는 것과 나의 한 부분이 우주를 지탱한다는 것을 그냥 기억하라.

# 제11장
# 우주: 신의 현현

## 우주의 모습을 보기 위한 아르주나의 기도

**아르주나**

1. 당신의 은총으로, 당신께서는 저에게 아트만에 관한 진리를 말씀해 주셨습니다. 당신의 말씀은 신비롭고 숭고합니다. 그것은 저의 무지를 몰아냈습니다.

2. 오, 연꽃과도 같은 눈을 가지신 당신으로부터, 저는 모든 생명체들의 기원과 소멸, 그리고 당신 자신의 무한한 영광에 대해 자세히 배웠습니다.

3. 오, 지고하신 신이시여! 당신 자신에 대해 스스로 설명하신 그대로이십니다. 저는 그것을 의심하지 않습니다. 오, 지고한 푸루샤시여! 그럼에도 불구하고 저는 당신의 신성한 모습(이슈와라로서의 당신의

모습)을 보기를 원합니다.

**4**. 오, 신이시여! 제가 그 모습을 볼 자격이 있다고 생각하신다면, 저에게 당신의 우주의 모습을 저에게 보여주십시오(신의 은총으로만 얻어질 수 있다.). 오, 요기들의 스승이시여!

# 아르주나가 우주의 모습을 볼 수 있는 신성한 눈을 받다.

**크리슈나**

**5**. 오, 왕자여! 무수히 많은 색들과 모양들을 하고 있는 나의 수많은 신성한 형상들을 보아라.

**6**. 아디티야들, 바수들, 루드라들, 아스빈들, 또한 마루트들을 보아라(이것들은 자연세계의 데바들이다.). 어떤 인간도 전에 본 적이 없는 많은 경이로움을 보아라. 오, 바라타의 자손아!

**7**. 오, 나태함의 정복자! 나의 신체 안에서 움직이고 있는 전체 우주를, 그대가 보고 싶어하는 다른 것들을 보아라.

**8**. 그러나 그대의 신체의 눈으로는 이것들을 볼 수가 없다. 그

러므로 나는 그대에게 장엄한 힘들을 지각할 수 있는 영적 눈을 준다. 보라. 이것이 나의 능력이다.

## 신이 우주적 모습으로 나타나다.

**산자야**

9. 오, 왕이시여! 그는 이런 말씀을 한 다음, 모든 요기들의 스승인 슈리 크리슈나는 아르주나에게 그의 가장 고귀한 신적인 모습을 보여주셨습니다.

10. 수없이 많은 입들로 말하고, 무수히 많은 눈들로 보며, 많은 놀라운 측면들을 가지고 있고, 무수히 많은 신성한 장신구들로 치장되고, 온갖 종류의 천상의 무기들을 휘두르시고

11. 천상의 화환들과 천국의 옷들을 두르시고, 천상의 향기를 가진 향수를 바르시고, 계시로 충만하시고, 눈부시게 빛나시고, 무한하시고, 어디에나 관심을 두신

12. 천 개의 태양들이 하늘로 동시에 떠오른다고 생각해 보십시오. 무한한 신의 모습의 영광이 그럴 것입니다.

**13.** 그때 아르주나는 무수히 많은 다양성을 가지고 있는 전체 우주가 신의 몸 안에 하나로 있는 것을 보았습니다.

**14.** 그러자 아르주나는 몹시 놀라 머리카락은 곤두섰습니다. 그는 경배하며 신 앞에 고개 숙여 절하고, 그의 손을 꼭 모으고는 말했습니다.

**아르주나**

**15.** 오, 신이시여! 저는 당신의 몸 안에서 모든 데바들을 봅니다. 그 정도가 각각인 아주 많은 생명체들을. 그리고 연꽃 위의 왕좌에 앉은 창조주인 브람마 데바를 봅니다. 모든 현자들과 천상의 파충류들을 봅니다.

**16.** 저는 무수히 많은 팔들, 눈들, 입들과 배들이 있는 무한한 우주적인 형상의 당신을 봅니다. 끝, 중간, 또는 시작을 볼 수도 찾을 수도 없습니다. 당신께서는 모든 창조물의 신이시고, 우주는 당신의 육체이십니다.

**17.** 당신은 왕관을 쓰시고, 전곤과 원반(철퇴)을 들고 계십니다. 그러나 당신의 광휘는 눈이 부셔 저는 당신을 바라보기가 힘듭니다(저의 눈은 당신을 피합니다.). 그것은 불처럼 맹렬하고 한계가 없습니다.

# 비슈누는 조건이 지어지지 않는 것과 하나이다.

**18.** 당신께서는 우리가 알아야 할 한 가지인, 지고하고 변함이 없는 실재이십니다. 당신께서는 확실하게 놓인 이 세상의 받침판이시며 절대 흔들리지 않는 안식처이십니다. 영원한 법칙의 수호자이시며, 죽지 않는 생명의 영혼(푸루샤)이십니다.

**19.** 당신의 힘은 엄청나십니다. 탄생이 없고, 죽음이 없으십니다. 무수히 많은 팔들을 가지고 계시며, 태양과 달은 당신의 눈이십니다. 당신의 입은 우주를 불태워버리는 불을 머금고 계십니다.

**20.** 천상과 땅 사이의 모든 공간과 모든 곳이 오로지 당신만으로 가득 차 계십니다. 당신의 놀라운 그리고 무서운 모습을 보고서 세 세상들이 전율하고 있습니다. 오, 지고한 영혼의 존재시여!

**21.** 데바의 무리들이 당신 안으로 두려워서 두 손을 모은 채 들어갑니다. 리쉬들과 싯다들은 "모든 것이 잘 되기를!"이라고 하면서 경배의 찬가들로 당신을 칭송하며 노래합니다.

## 우주적 모습의 경이로움

**22.** 루드라들, 아디티야들, 바수들, 사디야들, 비스와들, 아스
윈들, 마루트들과 우슈마파들, 간다르바들의 무리, 약샤들, 아수라들
과 싯다들(수많은 데바들, 반신반인들, 악마들), 그들 모두가 놀라서 당신을 바
라봅니다.


## 우주적 모습의 무서움

**23.** 오, 전능한 분이시여! 당신의 무한한 모습들과 많은 입들과
눈들, 많은 발들, 허벅지들과 배들로 가득하고, 끔찍한 송곳니들이 있
는 엄청나게 거대한 당신의 모습, 이 광경에, 오, 힘센 주인이시여! 온
세상들은 두려움에 사로잡히고, 저 또한 그렇습니다.

**24.** 오, 비슈누시여! 어디에나 있으시고, 하늘을 어깨에 짊어지
시고, 무지갯빛 색조로, 입을 딱 벌리시고 타오르는 눈으로 노려보시는
당신을 볼 때, 저의 모든 평화는 사라집니다. 저의 가슴은 괴롭습니다.

**25.** 이제 무시무시한 치아들이 있는 당신의 입들은 최후 심판
의 날 아침의 불처럼 타오르고 있습니다. 북쪽, 남쪽, 동쪽, 서쪽이 모

두 혼란스러워 보입니다. 데바들의 지배자시여! 이 세상의 거처이시여! 제게 은총을 베풀어 주십시오.

## 적이 패배하는 모습을 보는 아르주나

26-27. 드리타라슈트라의 자손들, 많은 군주들, 비슈마, 드로나 그리고 카르나의 아들, 그들과 우리의 전사들도 역시 넓은 치아가 있는 끔찍한 당신의 턱을 향해 급히 가고 있습니다. 거기에서 그 턱 사이에서 머리들이 짓이겨지고 으스러지는 것을 봅니다.

28. 홍수가 난 강들의 폭우가 돌진하며 바다로 흘러 들어가듯, 저 영웅들도 당신의 무시무시한 입들 속으로 빠르게 돌진합니다.

29. 나방이 타오르는 불길 속으로 뛰어들어 사라지듯이, 그들은 파멸의 불길을 맞이하여 곤두박질쳐서 당신에게로 뛰어들어 죽습니다.

## 우주적 모습의 광채

30. 당신은 세상들을 불타는 입 속으로 집어넣어 그것들을 삼

키십니다. 오, 비슈누시여! 견디기 힘든 빛줄기들로 당신께서는 하늘의 가장 높은 곳들을 살피십니다.

31. 당신이 누구이신지, 그리고 처음부터 누구셨는지 말씀해주십시오. 당신께서는 단호한 면을 가지고 계십니다. 오, 신들의 신이시여! 당신께서는 자비로우십니다. 신이시여! 저의 경의를 받아주십시오. 당신의 길은 저에게 가려져 있습니다.

## 세상들을 파괴하기 위한 신의 출현

**크리슈나**

32. 나는 세상들을 파괴하는 시간이다. 나는 그것들의 파멸을 무르익게 할 그 시간을 기다리고 있다. 그대가 참여하지 않는다 해도 모든 전사들이 여기에 모여 죽을 것이다.

33. 그러므로 명예를 얻어라. 왕국, 부, 영광을 얻어라. 아르주나! 일어나라. 오, 양손잡이 궁수여! 그대가 죽이는 것처럼 보인다. 이들은 나에 의해 이미 죽임을 당했다. 그대는 단지 나의 도구가 될 것이다.

34. 그대는 단지 나에 의해 이미 죽은 드로나와 비슈마, 자야드

라타, 카르나와 같은 영웅들을 공격하는 것이다. 싸우라. 두려워하지 말라. 이 전투에서 싸우면, 그대는 적을 정복하게 될 것이다.


## 우주적 모습에 대한 아르주나의 숭배

### 산자야

35. 아르주나가 신 크리슈나의 이 말씀을 들은 후, 그는 떨면서 손바닥을 모아 고개 숙여 절했습니다. 그는 크게 두려워하며 엎드려서, 목이 멘 소리로 크리슈나에게 다시 한 번 말했습니다.


### 아르주나

36. 오, 감각들을 제어한 분이시여! 세상이 즐거워하며 당신을 경배하는 것은 당연합니다. 악마들은 겁에 질려 사방으로 흩어지고, 싯다의 무리들은 당신을 경배하며 절합니다.


37. 오, 힘센 분이시여! 어떻게 그들이 당신에게 경의를 표하지 않을 수 있겠습니까? 오, 모든 것의 최초의 원인이시여! 브람마조차도 당신에게서 나왔습니다. 당신께서는 죽음이 없으시며, 우주의 집이시며, 데바들의 지배자이십니다. 당신께서는 존재하는 것과 존재하지 않는 것이시며, 그것들을(이원성들을) 초월하는 분이십니다.

**38**. 당신께서는 하늘에서 처음이자 가장 높은 분이십니다. 오, 오래된 영이시여! 우주는 당신 안에서 편하게 쉽니다. 당신께서는 아는 분(자각, 의식 그 자체)이시며, 또한 알려지는 분이십니다. 당신께서는 우리의 모든 분투의 목표이십니다. 당신의 변화들은 끝이 없습니다. 당신께서는 창조를 일으키십니다.

**39**. 당신께서는 불과 죽음의 신, 바람과 달과 물의 신, 태어난 존재들의 아버지(창조자인 프라자파티)이시며, 이 세상의 아버지의 아버지(악샤라, 변치 않고 있는, 무행위로 있는 신)이십니다. 경배를! 당신께 모든 경배를, 천 번의 경배를.

**40**. 오, 신이시여! 사방으로부터 우리의 경배들을 받으소서. 당신의 힘은 무한하시고, 당신의 영광에서는 한이 없으십니다. 어디에서나 우리는 당신을 발견하기에, 당신께서는 존재하는 모든 것이십니다.

## 신의 용서를 구하는 아르주나의 기도

**41**. 경솔하게도 저는 당신을 '크리슈나', '나의 전우'라고 불렀습니다. 죽지 않는 신을 친구이자 죽는 자라고 여기고 사랑으로 지나치게 대담했으며, 당신의 위대함을 몰랐습니다.

**42.** 우리가 먹을 때, 군중 속에서, 혹은 걸어갈 때, 혹은 함께 누워 쉴 때, 종종 저는 농담을 하고 친근하게 대했습니다. 제 말이 기분 상하게 했습니까? 부디, 그러한 행동들을 용서하십시오. 영원한 신이시여!

**43.** 움직이거나 움직이지 않는 이 세상을 만드신 분이시여! 가장 높은 분이신 당신만이 숭배를 받아 마땅합니다. 세 세상 어디에서 당신과 필적할 만한 존재를 찾을 수 있겠습니까?

**44.** 그러므로 저는 고개를 숙이고 엎드려서 용서를 구합니다. 이제 저를 용서해 주십시오. 신이시여! 친구로서 당신의 전우를 용서하소서. 아버지는 자식을 용서하고, 사랑하는 사람은 자신의 연인을 용서합니다.

## 크리슈나가 평소의 모습으로 돌아오기를 바라는
## 아르주나의 기도

**45.** 저는 당신 앞에서 이전에 누구도 보지 못했던 것을 보았습니다. 저의 기쁨은 깊었지만, 그럼에도 불구하고 저의 두려움이 더 큽니다. 이제 당신의 다른 모습을 보여주십시오. 오, 신이시여! 자비를

베풀어 주십시오. 오, 신들의 신이시여! 오, 우주의 거처이시여!

**46.** 오, 천 개의 팔들을 가진 우주적 존재이시여! 이제 제가 알던 예전의 네 개의 팔을 가진 이. 왕관을 쓰시고 곤봉을 드시고, 원반을 가지신 이의 모습을 저에게 보여주십시오.

## 신이 그분의 보통의 모습으로 돌아오다.

### 크리슈나

**47.** 오, 아르주나! 나 자신의 요가의 힘으로 나는 그대에게 이 우주의 모습을 보여 주었다. 빛으로 가득하며, 원시적이며, 한계가 없는 나의 이 우주의 모습은 그대 말고는 이전에 아무도 본적이 없다.

**48.** 베다들의 공부로도, 희생들로도, 선물들로도, 의식(아그니호트라 같은 의식)들로도, 엄격한 고행들로도 오, 판두의 영웅아! 그대 외에는 누구도 나의 이 모습을 보지 못했다.

**49.** 이 무서운 나의 모습을 보고 당황하거나 두려워하지 말라. 두려움을 없애고 기쁜 마음으로 나의 이전의 모습을 다시 보아라. 다른 모습의 내가 여기에 있다.

### 산자야

**50.** 아르주나에게 이렇게 말하고는, 크리슈나는 그분의 원래의 모습을 다시 취하셨습니다. 자신의 부드러운 모습을 취하시고 난 뒤 위대한 존재는 두려워하고 있는 아르주나를 진정시켰습니다.

### 아르주나

**51.** 오, 크리슈나시여! 당신의 부드러운 인간의 모습을 다시 보니, 이제 제 마음이 평온해져 저는 저의 보통의 상태로 돌아왔습니다.

### 크리슈나

**52.** 그대가 본 나의 이 모습은 보기가 아주 어렵다. 데바들조차도 나의 이 모습을 보기를 원한다.

**53.** 베다들의 공부로도, 고행들로도, 자선을 베푸는 것들로도, 의식들로도, 그대가 보았던 모습의 나를 볼 수 없다.

## 기타의 전체 가르침의 정수

**54.** 확고한 헌신에 의해서만, 나를 알 수 있고, 나를 볼 수 있으며, 나 안으로 들어올 수 있다. 오, 적을 괴롭히는 자여!

55. 나를 위해서 행위를 하는 사람, 나를 지고의 목표로 받아들이는 사람, 나를 사랑하는 사람, 애착이 없는 사람, 어떤 생명체도 미워하지 않는 사람은 나 안으로 들어올 것이다. 오, 왕자여!

# 제12장
# 헌신의 길

## 현현의 당신의 숭배자와 비현현의 당신의 숭배자들 중 누가 더 우수한가?

**아르주나**

1. 어떤 이들은 한결같은 사랑으로 현현의 당신(사구나, 인간 모습의 신)을 숭배(이 요가에서는 신과 가까운 관계를 만든다. 성향이나 능력에 따라 천천히 다섯 태도 중 하나를 발전시킨다. 그 첫 번째는 평화로운 숭배의 태도, 두 번째는 주인을 향한 하인의 태도, 세 번째는 친구의 태도, 네 번째는 부모와 아이의 태도, 마지막은 연인의 태도이다. 이 중 마지막의 것이 헌신의 절정이다. 그것은 신속으로의 잠김이다.)합니다. 다른 이들은 나타나지 않고 있고, 변함이 없는 당신(니르구나, 형상이 없으며, 감각으로 이해할 수 없는, 언어와 마음을 초월한 신)을 숭배합니다. 어떤 헌신자가 요가에 더 잘 자리를 잡습니까?

# 현현의 신의 숭배자들

**크리슈나**

**2.** 한결같은 사랑으로 현현의 나에게 그들의 생각을 고정시키는 사람들이 있다. 그들은 절대적인 믿음으로 나를 명상(숭배)한다. 나는 그들이 요가에 더 잘 자리를 잡는다고 생각한다(최고의 요기이다.).

# 비현현의 신의 숭배자들

**3-4.** 비현현의 신의 박타(헌신자, 사랑하는 자)들은 불멸(끊임없이 존재)이며, 생각의 범위 너머에 있으며(마음과 언어가 미치는 범위 너머에 있어서 이해가 가능하지 않는, 그러므로 고요한 명상으로 나아가게 한다.), 모든 곳에 있으며(공간처럼), 영원하며, 변화하지 않으며(쿠타스타, 금속의 형태를 변화시키기 위하여 두드리는 작업을 가능하게 하는 모루, 그 위에 놓인 것의 형상은 변화하지만, 모루는 그대로 있다. 삼사라는 변하지만 신은 그대로 있다.), 움직이지 않는(아찰람) 신을 숭배한다. 그들은 감각들을 제어한다. 그들은 고요한(평정을 유지하는, 차분한) 마음을 가지고 있으며 인류의 행복에 헌신한다. 그들은 모든 생명체들 안에서 아트만을 본다. 그들 역시 분명히 바로 나에게로 올 것이다.

**5.** 그러나 비현현의 나에게 마음을 고정시키고자 하는 헌신자

들의 어려움은 더 크다. 왜냐하면 육체를 입은 영혼들이 비현현의 나를 깨닫는 것은 매우 어렵기 때문이다.

## 현현의 신의 숭배에 의한 구원

**6.** 모든 행위들을 나에게 바치고, 흔들림 없는 사랑으로 나만을 그들의 가장 간절한 기쁨으로 숭배하는 자들에게 나는 곧 간다.

**7.** 왜냐하면 그들은 나를 사랑하고, 그들은 내가 보증하는 사람들이기에, 오, 프리타의 아들아! 나는 죽음이 있는 삼사라의 모든 파도들로부터 그들을 구원할 것이기 때문이다(니르구나 신을 깨달은 사람은 영원한 희열, 나 깨달음, 카이발야에 이른다. 사구나 신을 깨달은 사람은 브람마 로카로 가서 신의 모든 힘과 부를 즐긴다. 그리고 나서 그는 절대자의 신비로 입문되며 신의 은총으로 깨달음을 얻는다.).

**8.** (감각 대상들에 대한 모든 생각들을 전적으로 포기하고) 그대의 마음을 나(우주의 모습을 초월하고 있는 신 즉 의식)에게 고정시켜라. 그대의 지성을 나에게 고정시켜라. 그러면 그대는 분명히 몸이 죽을 때 나 안에 있을 것이다. 그것을 의심하지 말라.

# 고정이 되지 않으면 고정을 위한 수행을

9. 만약 그대가 마음을 나에게 지속적으로 고정시킬 수 없다면, (그대가 좋아하는) 집중(특별한 한 대상이나 아트만)의 수행(하면 초월의 의식이 도래할 것이다. 그것이 명상이든, 헌신이든 무슨 수행이든 간에)으로 나(초월로 있는 순수한 의식, 모든 현자들은 이 상태에 있음. 예수나 붓다나 마하비라나 라마나나 크리슈나나 쉬바나 모두가, 하나밖에 없음)에게 도달하기를 바라라. 오, 다난자야!

## 집중을 위한 수행을 할 수 없다면 나를 위해 일을 하라.

10. 집중의 수행을 할 수 없다면, (수행이 없이) 나를 기쁘게 할 일 (모든 것 안에 있는 신에 대한 봉사, 나라야나 바바)들을 하라. 나를 위해 행위들을 함으로써 그대는 완성에 이를 것(처음에는 마음의 정화를 얻고, 그 다음에 집중과 명상을, 그 다음에 지식을, 그 다음에 궁극의 완성을 얻을 것이다.)이다.

## 일을 할 수 없다면 일의 결실들을 포기하라.

11. 만약 그대가 이것조차도 할 수 없다면, 행위들을 하되 그 행위의 결실들에 대한 애착을 포기하라(차분한 마음으로 일의 모든 결실들을 신

의 은총으로 받아들이기를 배워라.).

**12.** (경전들로부터 얻어진 나에 대한 이론적인, 간접적인) 지식이 (몸과 감각들과 마음을 통제하기 위하여) 맹목적으로 하는 수행보다는 확실히 더 깊다. 명상이 (이론적인) 지식보다는 더 낫다. 그러나 (지식이나 명상을 잘 모르는 경우에는) 행위의 결실들에 대한 애착의 포기(행위의 결실들의 포기는 구도자의 가슴을 정화시키기 위하여 처방된다. 그것은 지혜의 적인 욕망을 없앤다. 현자들 역시 행위의 결실들을 포기한다. 그렇게 하는 것이 그들에게는 너무나 자연스럽게 되었다.)가 명상보다 더 낫다. 포기는 마음에 즉각적인 평화를 가져다준다.

# 비현현의 신의 숭배자들의 삶

**13.** (신과 하나에 있기를 바라는 헌신자들은) 어떤 존재도 미워하지 않으며(자신에게 엄청난 고통을 주는 존재에게도, 모든 존재들에게 완전한 안전을 주는), 모두에게 다정하고 연민을 가지며(모든 존재들을 자신으로 여기는), '나'(자아, 그의 마음에는 나라는 것이 결코 일어나지 않는다.)와 '나의 것'(소유물, 그는 어떤 것도 자신의 것이라 생각하지 않는다. 즐거움을 주는 대상들조차도)이라는 망상(애착)에서 벗어났으며, 즐거움과 고통을 동등한 평온으로 받아들이며(그는 동등한 시각을 가지고 있다. 그는 모든 곳에서 신을 본다. 태양은 궁전이나 오두막에도 빛을 준다. 소나, 호랑이나, 사자나, 말이나, 부유한 사람이나 가난한 사람이나 성자나 그 어떤 존재라도 와서 강물을 마실 수

있다. 램프는 어느 가정에는 빛을 주고, 어느 가정은 지나치지 않는다.), 관대하며(용서하는, 평온한, 모욕하거나 심지어 때리는 사람에 대해서도, 땅처럼 그는 자신의 무릎에 만족을 가진),

14. 늘 만족하며(자신에게 오는 모든 것은 과거의 자신의 행위들의 결과로 온다는 것을 알기에, 또한 유한한 대상들을 얻고자 하지 않는다. 바다는 늘 가득 차 있다.), 자신을 통제하며(마음을 가라앉힌), 확고한 확신을 가지고 있으며, 자신의 마음과 지성을 나에게 고정시키며(나에게 바친, 나를 떠나지 않는, 명상이 꾸준한), 나에게 헌신하는(나를 사랑하는) 사람, 나는 이러한 사람들을 사랑한다(그들은 나의 아트만이다.).

15. 그는 세상에 고통을 주지 않으며, 세상에 의해 고통을 받지 않는다. 쾌락과 화와 두려움과 걱정에서 벗어난 사람을 나는 사랑한다.

16. 기대하지(원함과 의존으로부터 자유로운, 몸과 감각들 및 감각의 대상들과의 연결에 무심한) 않으며, 순수하며, 유능하며(예상하지 못한 것에 대처할 수 있는, 모든 것에 대비하는), (육체적 욕망에) 무심하며, 어떤 것에도 동요되지 않으며(불안으로부터 자유로운), 자기 행위의 결실들에 대해서 뽐내지 않는 사람, 나는 이러한 사람들을 사랑한다(그들은 나의 아트만이다.).

**17.** (즐거운 것을 바라거나 즐거운 것에 대해) 기뻐하거나 싫어하지 않으며, (즐겁지 않은 것을 두려워하거나 그것이 오더라도) 슬퍼하거나 욕망하지 않으며, 좋은 것이나 나쁜 것을 포기한 사람(행운이나 불운에 흔들리지 않는), 헌신으로(나에 대한 사랑으로) 가득한 사람, 나는 이러한 사람들을 사랑한다(그들은 나의 아트만이다.).

**18.** 친구와 적, 명예와 모욕이 같으며, 더위나 추위, 즐거움(쾌락)과 고통이 같으며, 애착으로부터 자유로운(균등의 마음을 가지고 있다.)

**19.** 칭찬과 비난이 같으며(무심한), 고요하며(그는 말의 기관과 생각들을 통제하고 있어서), 무엇으로도 만족하며(몸을 유지하기 위한 최소한의 것들로 만족), 어떤 장소에 집착하지 않으며(세상을 자신이 사는 곳으로 여기는), 안정적인 마음을 가지고 있으며(자신의 마음은 신에게 고정되어 있다.), 헌신으로 가득한 사람, 나에게 이런 사람은 소중하다(그들은 나의 아트만이다.).

**20.** 내가 가르친 이 지혜는 그대를 불멸로 인도할 것이다. 이 불멸의 다르마(가치)를 완전히 믿고 행하는 사람, 나를 그들의 가장 높은 목표로 삼는 사람들은 그들의 마음과 가슴을 나에게 바친다. 그들에 대한 나의 사랑은 아주 크다(그들은 바로 나의 아트만이다.).

# 제13장
# 들판을 아는 자


## 신체와 신체의 목격자(영혼, 의식)


**크리슈나**

**1.** 오, 쿤티의 아들[13]아! 진리를 아는 현자들은 이 신체를 들판(크쉐트라, 좋고 나쁜 카르마를 심고 거둔다. 좋은 들판의 조건들은 다음과 같을 것이다. 첫 번째로 들판을 잘 갈아야 할 것이다. 그렇지 않으면 좋은 씨들을 뿌려도 열매를 맺지 못할 것이다. 두 번째로 좋은 씨들을 뿌려야 할 것이다. 마지막으로 제 때에 비가 와야 하는 등 어머니 자연의 축복을 받아야 할 것이다. 가을이 와서 열매를 잘 맺어도 곤충이나 새나 동물들이 먹거나 해를 입힐 수도 있다.)이라 하며, 이 신체 안에서 일어나는 것을 아는 자를 들판을 아는 자(크쉐트라갸, 지켜보는 자)라고 한다.

---

13  마하바라타의 위대한 궁수이자 영웅, 아르주나

# 영혼은 신과 하나

**2.** 오, 바라타! 내가 모든 들판들을 아는 자임을 알라. 들판과 들판을 아는 자 사이의 분별을 나는 최고의 지식으로 여긴다.

## 들판(신체)

**3.** 이제 들어보라. 들판이 무엇인지, 그것의 내용, 변형들과 기원을 내가 그대에게 간략하게 말해주겠다. 또한 들판을 아는 자가 누구이며, 그의 능력이 무엇인지도 말해주겠다.

**4.** 이러한 진리들은 여러 방법들로 위대한 현자들에 의해 노래되었다. 특히 신에 관해서는 정확한 논거로 자세히 설명되었다.

**5.** 나는 그것들에게 간단하게 이름을 붙여 말하겠다. 눈에 보이지 않는 프라크리티(아비약타 프라크리티 즉 비현현의 자연, 물라 프라크리티, 프라크리티의 바탕)와 눈에 보이는 것들로 된 우주(비약타 프라크리티)이다. 눈에 보이는 것들로는 자아(나라는 개념인 아함카라)와 지성(판단을 내리는), 마음(자극이나 충동을 받아 그것의 반응을 행위기관에 보내는), 흙과 물과 불과 공기와 공간이라는 다섯 대 원소들(공간, 공기, 불, 물, 흙. 물질의 모든 변형들은 이것들로 퍼져 있

다), 다섯 감각 기관들(눈, 피부 등)과 다섯 행위 기관들(손, 발, 입, 항문과 생식기), 다섯 감각의 대상들(소리, 촉감, 형상 혹은 색, 맛과 냄새)

6. 욕망(대상들에 대한 강렬한 바람, 라자스에서 일어난 생각의 파동)과 미움, 고통과 쾌락, 지성과 마지막으로 인내(드리티, 의지, 결심, 확고함, 용기), 이 모든 것들이 신체 안에 섞여 있다. 이것들이 한계들과 변화들을 일으키는 들판을 만든다.


# 깨달음에 도움이 되는 덕들

7. 그러므로 나는 그대에게 말한다. 겸손 하라. 허세를 부리지 말라(소박하라). (생각이나 말이나 행위로) 해를 가하지 말라. 인내하라. 솔직하라. 진정한 순종으로 그대의 스승을 섬겨라. 순수하라. 확고부동 하라. 자기를 통제하라.

8. 감각의 대상들로부터 떨어져 있어라(바이라기야). 자아를 벗어나라라(안아한카라, 나는 모두보다 우수하다는 생각이 아한카라). 탄생, 노화, 질병(고통), 죽음이 있는 인간 성품의 나약함을 자각하라.

9. 어느 것에도 노예가 되지 말라(무애착). 자식이나 배우자, 집이

나 여타의 것들과 동일시하지 말라. 고통스러운 것과 즐거운 것을 차분하게(동등한 마음으로) 마주하라.

10. 흐트러지지 않는 가슴으로 나만을 사랑하라. 군중의 소란과 그것의 쓸데없는 소동을 싫어하라. 그대의 모든 생각을 한적한 곳으로 돌려라.

11. 멈추지 말고 아트만을 알기 위해 노력하라. 아트만 지식을 왜 그대가 구해야 하는지 분명히 이해하라. 이것들은 지식이며 이것들에 반하는 것은 무지이다.

## 알려져야 하는 것, 신

12. 이제 그것을 아는 자가 불멸을 얻을 수 있는 알아야 할 것에 대해 설명하겠다. 신은 시작이 없고, 초월로 있고, 영원하다. 그는 존재와 비존재[14] 너머에 있다.

---

14  삿과 아삿

## 신은 모든 활동의 근원이다.

**13.** 어디에나 그의 손들, 발들, 눈이, 그의 머리들, 그의 얼굴들이 있다. 이 온 세상은 그의 귀다. 그는 우주의 모든 것에 스며들어 있다(그분은 이 세상을 감싸고 채우고 있다. 이전 수트라에서는 신이 존재도 비존재도 아니라고 하였다. 그래서 그것을 실체가 아닌 공 또는 무라고 생각할 수 있다. 이 잘못된 이해를 피하기 위하여 신은 이 수트라를 말한다. 그것은 마음과 감각이 적절한 기능을 하도록 한다. 이것은 사구나 신 즉 속성을 지닌 신의 측면이다.).

## 신은 조건화되어 있지 않다.

**14.** 모든 감각들이 기능을 하지만, 그 자신은 감각들이 없다. 그는 떨어져 있지만, 그는 지탱한다. 그는 구나들이 없지만, 그것들을 느낀다(그는 자연의 속성들이 없이 있지만, 그러나 그는 속성들을 즐기는 자이다. 신은 정말로 신비롭다.).

## 신은 모든 것이다.

**15.** 그는 안과 밖에 있다. 그는 생명이 있는 것과 생명이 없는

것들 안에 산다. 마음이 이해할 수 없을 만큼 미묘하다(현자는 안다.). 그는 우리에게 아주 가깝고(자신의 나이기에, 가슴 안에), 완전히 멀리 있다(세상이거나 감각의 쾌락을 지닌 무지한 사람에게는).

## 신은 모든 것 안에 있는 나이다.

**16.** 그는 (여러 몸으로) 나누어지지 않지만(공간처럼), 대상들과 생명체들에서 나누어지는 것처럼 보인다. 그는 그 자신으로부터 창조를 내보내고 그것을 유지하고 그것을 불러들인다.

## 신은 모든 것에 빛을 주는 자이다.

**17.** 그는 모든 빛들 중의 빛(그것은 지성, 마음, 태양, 달, 별, 불과 번개를 빛나게 한다.)이며, 우리의 무지한 어두움 너머에 있다. 그는 우리가 공부하거나 알아야 할 진정한 한 가지인 지식이며, 가슴(붓디, 지성, 태양의 광선이 거울같이 밝고 깨끗한 대상에서 더욱 밝게 빛나듯이, 비록 신이 모든 대상 안에 있지만, 지성은 신으로부터 받은 특별한 광채로 빛난다.) 속에 사는 이다.

## 헌신으로 빛을 찾아라.

**18**. 이제 들판(5와 6 수트라)이 무엇이고, 지식(7-11수트라)이 무엇이며, 알아야 할 그 하나의 실재(12-17수트라, 내재하고 있는 영원한 신성)가 무엇인지를 그대에게 간략하게 말했다. 이것들을 알 때, 그는 나와 하나가 되기에 적합하다.

## 자연과 신은 영원하다.

**19**. 자연(프라크리티)과 신(푸루샤의 의식의 원리)은 둘 다 시작이 없음을 그대는 이해해야 한다. 모든 진화와 모든 구나들은 프라크리티로부터 나온다.

## 삼사라의 원인으로서의 자연과 신

**20**. 신체와 감각들의 진화는 프라크리티로부터 생겨난다고 한다. 우리 안에 있는 개별성의 감각은 쾌락과 고통의 경험을 초래한다고 말해진다.

## 무지와 욕망은 재탄생들의 원인이다.

**21**. 프라크리티와 잘못 동일시된 신인 개별적 자아는 프라크리티에서 나오는 구나들을 경험한다. 그것은 가장 집착한 구나에 따라 순수하거나 순수하지 못한 부모들로부터 태어난다.

## 나 지식은 삼사라의 원인을 제거한다.

**22**. 이 신체 안에 있는 지고의 신은 또한 목격자, 동의하는 자, 옹호자, 경험하게 하는 자, 가장 높은 것(마헤슈바라, 전능한 신), 지고의 아트만(푸루숏타마)이라 불린다.

**23**. 신을 직접 경험하고, 우리의 모든 행위들을 가능하게 하는 것이 프라크리티이고 구나들이라는 것을 안 사람은 자신이 어떤 삶을 살든 다시 태어나지 않을 것이다.

## 아트만 지식에 이르는 네 가지 길들

**24**. 어떤 사람들은 명상으로 자신 안에 있는 아트만을 깨닫는

다. 어떤 사람들은 영적 지식의 요가로 자신 안에 있는 아트만을 깨닫는다. 어떤 사람들은 행위의 요가로 자신 안에 있는 아트만을 깨닫는다.

25. 그러나 이런 길들을 모르는 사람들이 있다. 그들은 스승이 가르쳐준 것을 성실하게 따른다면, 그들 역시 죽음의 힘을 넘어설 것이다.

## 신(나) 바깥에는 아무 것도 없다.

26. 이것을 알라. 오, 왕자! 생명이 있는 것이든 생명이 없는 것이든 간에 생겨나는 모든 것은 들판과 아는 자 즉 프라크리티와 신의 결합으로부터 나온다는 것을 알라.[15]

## 모든 것에 있는 신(나)

27. 모든 존재들 안에 똑같이 존재하고 있는 지고의 신, 즉 필

---

15  모든 것은 물질(크쉐트라)과 크쉐트라갸의 합일에서 태어난다. 파람아트만과 하나인 '물질을 아는 자'와 별개로 존재하는 것은 아무것도 없다. 그러므로 그 단일성의 지식만이 해방(목샤)으로 인도할 수 있다.

멸의 것들 가운데 불멸하는 분을 보는 사람은 진실로 보고 있다.


## 영적 지식은 해방으로 인도한다.

28. 이렇게 언제나 모든 곳에 편재하고 있는 신을 항상 자각하라. 그는 자신의 아트만에 화를 내지 않는다. 그는 더 이상 신을 자아 아래에 숨기지 않는다. 그래서 그는 가장 높은 희열에 이른다.


## 나가 아니라 프라크리티가 행위를 한다.

29. 모든 행위들은 오로지 프라크리티에 의해서만 행해진다는 것을 보는 사람은 진실로 보는 것이다. 아트만은 행위가 없다(목격자로 있다.).


## 나는 모든 것의 근원이며 집이다.

30. 모든 다양한 존재들이 신 안에 있으며, 신으로부터 모든 다양한 존재들이 생겨난다는 것을 보는 사람은 신을 발견한다.

## 나는 행위의 결실들에 영향을 받지 않는다.

31. 지고한 아트만은 변화의 지배를 받지 않으며, 시작이 없으며, 구나들을 초월하여 있다. 오, 쿤티의 아들아! 비록 아트만이 신체 안에 자리하고 있을지라도 아무런 행위를 하지 않는다. 아트만은 행위의 결실들을 누리지 않는다.

32. 모든 것들에 스며들어 있는 공간(아카샤)은 미세하여[16] 어떤 것에 의해서도 더럽혀지지 않듯이, 신체의 모든 곳에 스며들어 있는 아트만은 더럽혀지지 않는다.


## 나는 모든 것을 빛나게 한다.

33. 하나의 태양이 이 세상을 빛나게 하고 있다. 오, 바라타! 한 명의 아는 자가 온 들판들을 빛나게 하고 있다.

---

16  공간(아카샤)은 매우 미세하여 방해받지 않고 모든 곳에 퍼져 있다.

# 요약

34. 아트만을 아는 지식의 눈이 열려 들판이 그것을 아는 자와 어떻게 다른지, 또한 자연의 올가미로부터 자유롭게 되는 방법을 아는 사람은 자신의 목적을 완수했다. 그는 최고의 존재에게로 들어간다.

# 제14장
# 현현의 세 표현(구나)들

## 우주의 기원에 대한 지식은 구원에 필수적이다.

**크리슈나**

1. 나는 그대에게 모든 지식들 가운데 최고인, 그 지식을 다시 한 번 가르쳐주겠다. 그것을 발견한 현자들은 신체의 속박으로부터 벗어나 모두 완벽해졌다.

2. 그들은 이 지식 안에서 살아, 나의 거룩한 성품과 하나가 되었다. 이제 그들은 새로운 시대가 시작이 될 때 다시 태어나지 않고, 그것이 끝날 때 영향을 받지도 않는다.

## 영과 물질의 합일에서 우주가 나온다.

3. 프라크리티는 이 엄청난 자궁이다. 나는 그 안에 생명의 씨앗을 심는다. 그러면 그것은 신체로의 탄생을 더욱 활발하게 만든다. 거기서 오, 바라타의 아들아! 그래서 많은 생명체들이 생겨난다.

4. 많은 형태의 살아있는 것들이 있으며 그것들을 품고 있는 자궁들도 많다. 프라크리티는 모든 자궁들의 자궁이고, 나는 씨앗을 주는 아버지이다.

## 구나들이 영혼을 속박한다.

5. 오, 힘이 센 자여! 프라크리티로부터 삿트와, 라자스, 타마스라는 구나들이 나온다. 이것들은 불멸의 존재를 신체 안에 묶어두는 속박이다.

## 구나들의 내용과 기능들

6. 오, 죄 없는 자여! 빛나는 삿트와는 그것의 순수한 빛으로 아트만을 보여줄 수 있다. 그렇지만 삿트와는 행복과 지식에 대한 애착을 일어나게 한다.

**7.** 열정의 성질을 지니고 있는 것인 라자스는 그대로 하여금 쾌락과 소유를 갈망하게 만들 것이다. 오, 쿤티의 아들아! 라자스는 그대로 하여금 행위를 갈망하게 만들 것이다.

**8.** 그러나 무지를 일으키는 타마스는 모든 사람들을 혼란스럽게 만든다. 오, 바라타! 그것은 망상, 게으름, 우둔함의 속박들로 그대를 묶을 것이다.

**9.** 삿트와의 힘은 행복의 노예가 되게 하고, 라자스의 힘은 행위의 노예가 되게 하고, 오, 바라타여! 타마스의 힘은 미혹의 노예가 되게 하여 그들의 판단을 어둡게 한다.

## 구나들의 상호작용

**10.** 오, 바라타! 삿트와가 라자스와 타마스보다 우세할 때, 사람은 그 삿트와를 느낀다. 라자스가 삿트와와 타마스보다 우세할 때, 사람은 그 라자스에 장악된다. 타마스가 라자스, 삿트와보다 우세할 때, 사람은 그 타마스에 굴복한다.

## 어느 특별한 구나가 우세한 때를 아는 방법

**11.** 이해가 신체의 문들인 감각들을 통해 빛날 때, 삿트와가 있음을 알라.

**12.** 오, 바라타족의 으뜸인 자! 탐욕적일 때, 행위가 한창일 때, 아주 진취적일 때, 가만히 있지 못할 때, 모든 욕망 중에서 라자스가 지배적임을 알라.

**13.** 오, 쿠루족의 후손아! 마음이 어둡고, 혼란스럽고, 나태하고, 미혹에 빠져 있을 때, 타마스가 지배적임을 알라.

## 구나들에 지배를 받은 죽음 뒤의 삶

**14.** 삿트와의 시간에 죽음을 만나는 사람은 (라자스와 타마스가 결코 지배적일 수 없는) 가장 순수한 높은 세계(브람마 로카로 간다. 해방을 얻는 것은 셋을 초월할 때 일어난다.)[17]에 이를 것이다.

**15.** 라자스에서 죽는 사람은 행위에 애착하는 사람들 사이에서

---

17  브람마 로카 등을 말한다.

태어난다. 타마스에서 죽는 사람은 비이성적인 존재들의 자궁으로 돌아갈 것이다.

16. 선한 행위의 결실은 삿트와이다. 그것은 가장 순수한 즐거움이다. 라자스의 행위들에서는 고통이 그것들의 결실이다. 타마스의 행위들에서는 무지가 그것들의 결실이다.

## 구나의 기능들의 요약

17. 지식은 삿트와에서 생겨난다. 탐욕은 라자스에서 생겨난다. 혼란스러움, 망상과 어둠은 타마스에서 생겨난다.

18. 삿트와 안에 살면 더욱 높은 영역들로 간다. 라자스 안에 살면 이 세상에 남는다. 가장 낮은 성품인 타마스에 살면 아래로 가라앉는다.

## 구나들 너머에 있는 나 깨달음은 불멸로 인도한다.

19. 이 구나들만이 모든 행위의 행위자임을 현명한 사람이 알

게 하라. 또한 그것들 너머에 있는 그것도 그가 배워서 알게 하라. 그
래서 그는 나에 도달할 것이다.

**20.** 몸의 원천인 이 세 구나들을 건너가는 사람은 탄생과 죽음,
고통과 쇠퇴로부터 자유로워진다. 그는 불멸이 된다.

# 해방된 영혼의 표시들

### 아르주나

**21.** 오, 신이시여! 저 세 구나들 너머로 건너간 사람의 표시들
은 무엇입니까? 그는 어떻게 행동을 합니까? 그리고 어떻게 하여 저
세 구나들 너머로 갔습니까?

### 크리슈나

**22.** 오, 판다바! 빛, 활동과 망상이 있을 때 그는 그것들을 싫어
하거나, 그것들이 없을 때 바라지 않는다.

# 해방된 사람의 삶에서의 행동

**23.** 그는 무심(초연)에 자리하고 있고, 구나들에 의하여 방해받지 않는 사람과도 같다. 그는 구나들이 모든 행위자라는 것을 안다. 그는 결코 이 분별의 힘을 잃지 않는다.

**24.** 그는 행복과 고통을 하나로 여기고, 아트만의 내적 고요 안에서 쉰다. 금, 진흙, 돌은 그에게 똑같은 가치를 지닌다.

**25.** 존경받을 때와 무시당했을 때 그의 행동은 똑같다. 친구들과 적들에게 하는 그의 행동은 똑같다. 그는 모든 일들에서 주도권을 버린다. 그런 사람은 구나들 너머로 갔다고 말해진다.

## 신에 대한 헌신은 해방으로 인도한다.

**26.** 한결같은 헌신으로 나에게 봉사하는 사람은 이 구나들을 초월한다. 그는 신과 합일에 이르기에 적합해진다.

## 아트만의 단일성

27. 왜냐하면 나는 이 신체 안에 있는 신이고, 죽지 않는 불멸의 생명이기 때문이다. 나는 진리이며 영원한 희열이다.

# 제15장
# 세상이라는 나무

## 삼사라의 나무

**크리슈나**

**1.** 아주 오래된 이야기에 아슈왓타 나무(우주에 대한 은유. 신의 은총이 아니고는 잘리지 않는다. 나는 아슈왓타라고 불리는 환영적인 세상의 나무인 없어지는 것들을 초월하며, 심지어 그 환영적인 세상의 나무의 씨앗을 이루는 없어지지 않는 것들보다도 높은 곳에 있다.)라는 것이 있다. 그 나무는 영원하다. 그 나무의 뿌리는 하늘에 있고, 가지들은 땅을 향하고 있다. 그 나무의 각각의 잎들은 베다들의 노래이다. 그 나무를 아는 사람은 모든 베다들을 안다.

**2.** 구나들로부터 자양분을 공급받은 그 나무의 가지들은 아래(인간으로부터 물체에 이르기까지)와 위(브람마의 거처에 이르기까지)를 향해 뻗어있다. 그것이 내놓는 싹들은 감각 대상들이다. 그것이 늘어뜨린 뿌리들은 아래로 향해 이 세상으로 내려가, 인간 행위의 뿌리들에 닿는다.

## 그 나무를 베어버리고 목적지를 추구하라.

**3.** 이 나무의 모습 즉 그것의 끝과 시작, 그것의 성품이 무엇인지는 여기에서는 알 수 없다. 그러므로 사람은 자신의 무애착(초연)의 도끼가 날카롭게 될 때까지 신에 대해 묵상해야 한다. 그는 이 도끼로 굳게 뿌리내린 아슈왓타 나무를 잘라내야 한다.

**4.** 그런 다음에는 미래의 탄생들로 되돌아감이 없는 그 상태를 깨달으려고 노력해야 한다. 이 모든 눈에 보이는 활동이 쉴 새 없이 흘러나오는 모든 것의 원천, 신, 절대자 안에 그가 안식처를 구하게 하라.

## 목적지에 이르는 길

**5.** 사람들이 자신의 무지를 벗어던질 때, 그들은 오만과 망상으로부터 벗어난다. 그들은 악한 세상에 대한 애착을 극복했다. 그들은 아트만과의 끊임없는 합일 안에 산다. 모든 갈망들은 그들을 떠났다. 그들은 더 이상 대립되는 감각들의 반응들에 휘둘리지 않는다. 이렇게 그들은 모든 변화들 너머에 있는 그 상태에 도달한다.

## 목적지는 신의 영광스러운 존재이다.

6. 태양 또는 달이 또는 불이 그것에게 조금의 빛이라도 빌려줄 것인가? 그것은 언제나 스스로 빛을 발한다. 그것을 얻은 이는 결코 다시 태어나지 않는다. 이런 것이 나의 지고한 거처이다.

## 지바는 신의 광선이다.

7. 나의 일부(아트만)는 모든 생명체 안에 있는 신이다. 그 영원한 성품을 유지하지만, 프라크리티로 만들어진 의복인 마음과 다섯 감각들을 입어서 별개인 것처럼 보인다.

## 어떻게 지바가 몸 안에 머물다 몸을 떠나는가?

8. 신(개인의 영혼으로서)이 신체를 입거나 그것을 벗을 때, 바람이 꽃들에게서 향기를 훔치듯이, 그는 마음과 감각들을 그와 함께 지니고 들어가거나 떠난다.

9. 그는 귀와 눈을 지켜보고, 접촉, 맛, 냄새 뒤에 있으며, 또한

마음 안에 있다. 그는 감각 대상들을 즐기고 고통을 겪는다.

10. 신체 안에 머물고, 혹은 떠나고, 혹은 구나들과 하나가 되어, 그것들을 즐기는 그를 무지한 사람들은 보지 못한다. 그러나 지식의 눈이 열린 사람은 그를 본다.

## 고요와 분별이 없이는 나 지식이 없다.

11. 영적 수행을 통해 고요를 얻은 요기들은 그들의 아트만에 있는 그분을 본다. 하지만 고요와 분별이 부족한 사람들은 그렇게 하려고 열심히 노력한다 해도 그분을 발견하지 못할 것이다.

## 신의 내재성,
## 1) 모든 것을 비추는 의식의 빛으로

12. 온 세상을 비추는 태양 안에 있는 빛, 달 안에 있는 빛, 불 안에 있는 빛, 그 빛이 나의 것임을 알라.

## 2) 모든 것을 유지하는 생명으로서

**13.** 나의 에너지(오자스)는 흙 안으로 들어가 움직이거나 움직이지 않는 모든 것들을 유지한다. 나는 물과 수액을 주는 자, 달이 되어 식물들과 나무들을 자라게 한다.

## 3) 모든 살아 있는 유기체들의 소화의 불로

**14.** 나는 생명의 호흡(불꽃)으로 모든 존재 안으로 들어가, 안에 있는 호흡의 흐름인 프라나와 아파나와 연합하여 바이슈바나라(위장 속에 있는 불)로서 네 가지 음식(씹는, 빠는, 삼키는, 핥는)들을 소화시켜 그것들을 육체를 지탱하는 힘으로 바꾼다.

## 4) 모든 존재들의 가슴에 있는 나로

**15.** 나는 의식이 있는 모든 존재들의 가슴에 (들어가 아트만으로) 있다. 나는 지식과 기억을 주고 또 앗아간다. 나는 베다들이 말하는 모든 것이다. 나는 베단타를 아는 자인 스승이다.

## 없어지거나 없어지지 않는 우주 너머에 있는 신

**16.** 이 세상에는 없어지는 존재와 없어지지 않는 존재가 있다. 없어지는 존재는 모든 창조물(크샤라)이며, 없어지지 않는 존재(마야 샥티, 신의 환영의 능력, 삼사라의 씨앗 즉 행위의 인상들이 자리하는 곳. 쿠타스타. 악샤라)는 늘 있는 창조물의 정수이다.

**17.** 그렇지만 이 둘과 구분되는 다른 하나가 있다. 영원한 신, 지고의 아트만(최고의 푸루샤. 그는 영원하며, 지성적이며, 자연으로부터 자유롭다.)이라고 부르는 최고의 영이 있다. 그는 세 세상에 만연해있고 그것들을 지탱하는 변하지 않는 신이다.

**18.** 나는 없어지는 것들과 없어지지 않는 것들 너머에 있다. 그러므로 이 세상에서 그리고 베다들에서 나를 푸루숏타마 즉 최고의 영이라고 한다.

## 나 지식의 영광

**19.** 오, 바라타! 미혹에서 벗어나 있고[18], 나를 최고의 영이라고

---

18  신체 등을 자기 자신으로 혹은 자신에게 속하는 것으로 결코 여기지 않으며.

아는 사람은 알려질 수 있는 모든 것을 안다. 그러므로 그는 진심을 다해 나를 흠모한다.

**20.** 오, 죄 없는 자(아나가)여! 이것은 내가 그대에게 가르친 모든 진리들 중에서 가장 신성한 것이다. 그것을 깨달은 사람은 진정으로 현명해진다. 그의 삶의 목적은 완수된다(탄생이 완료된다). 오, 바라타여!

# 제16장
# 신성한 성품과 신성하지 않은 성품

## 신성한 성품

**크리슈나**

1. 신성한 성품들을 가지고 태어나는 사람은 가슴에 두려움이 없고[19] 순수하다. 그는 경전들과 그의 스승이 그에게 가르친 신과 하나가 되는 그 길을 인내심을 가지고 꾸준히 간다. 그는 자선을 베푼다. 그는 자신의 열정들을 통제할 수 있다. 그는 규칙적으로 경전들을 공부하고, 그것들의 지시들을 따른다. 그는 영적 수련들을 한다.

2. 그는 솔직하고, 진실하고, 차분한 기질을 가지고 있다. 그는 누구에게도 해를 입히지 않는다. 그는 이 세상의 것들을 포기한다. 그는 평온한 마음과 악의가 없는 혀를 가지고 있다. 그는 모두에게 자비롭다. 그는 탐욕스럽지 않다. 그는 점잖고 겸손하다. 그는 쓸데없는 활

---

19  아바야. 경전의 계율을 의심하지 않고 경건하게 지키는 것.

동들을 자제한다.

**3**. 그는 자신의 더 높은 성품의 힘에 대한 믿음이 있다. 그는 용서하고 인내할 수 있다. 그는 생각과 행위가 깨끗하다. 그는 증오와 자만심이 없다. 오, 바라타! 그런 특성들이 그의 천성이다.

## 신성하지 않은 이들의 성품

**4**. 사람이 신성하지 않은 성품들을 가지고 태어날 때, 그의 천성은 위선, 거만, 분노, 잔인함과 무지이다. 오, 파르타!

## 두 성품들의 결과

**5**. 신성한 성품은 해방으로 이어진다. 신성하지 않은 성품은 더 큰 속박으로 이어진다. 하지만 그대는 두려워할 필요가 없다. 오, 판다바! 그대의 성품은 신성하다.

**6**. 이 세상에는 두 유형의 존재들이 있다. 신성한 성품들을 가진 자들과 신성하지 않은 성품들을 가진 자들이다. 나는 이미 그대에

게 신성한 성품들에 대해 상세하게 설명했다. 오, 파르타! 이제 그대는 신성하지 않은 성품에 대해 더 배우게 될 것이다.

## 신성하지 않은 이(물질주의자)들

7. 신성하지 않은 성품을 가진 사람들은 자신들이 무엇을 해야 하는지 무엇을 하지 말아야 하는지를 모른다. 그들에게 진리, 또는 순수함, 또는 올바른 행위는 없다.

## 세상에 대한 신성하지 않은 이들의 관점

8. 그들은 말한다. 경전들은 거짓이다. 우주는 도덕적 법칙에 근거한 것이 아니다. 신은 없다. 인간은 탐욕이 초래한 성의 결과 외에 달리 무엇이 있겠는가?

## 신성하지 않음(물질주의)에 이끌린 이들의 삶

9. 그들은 그들의 작은 마음의 어둠 속에서 이것을 믿기 때문

에, 이 타락한 생명체들은 세상을 파괴하려고 시도하면서 끔찍한 행위를 한다. 그들은 인류의 적이다.

10. 그들의 욕망은 결코 누그러질 수 없다. 그들은 오만하고, 허영심이 많고, 자만심에 취해있다. 그들은 악한 것을 맹목적으로 좇는다. 그들이 일하는 목적은 부정하다.

11. 그들은 삶의 목적이란 감각들의 만족일 뿐이라고 확신한다. 그래서 그들은 죽음만이 벗어나게 할 수 있는 수많은 걱정들에 시달린다.

12. 근심이 그들을 백 개의 사슬로 묶으며, 욕망과 화로 인도된 그들은 자신들의 갈망을 충족시키기 위해 부정한 이득들을 추구하며 쉴 새 없이 바쁘다.

## 신성하지 않은 성품의 사람들의 열망들

13. "나는 이것을 원했다. 나는 오늘 이것을 얻었다. 나는 저것을 원한다. 나는 내일 저것을 얻을 것이다. 이 모든 부들은 이제 나의 것이다. 곧 나는 더 많이 가질 것이다.

14. "나는 저 사람을 죽였다. 나는 나머지 적 역시 죽일 것이다. 나는 인간들의 지배자이다. 나는 이 세상의 것들을 즐긴다. 나는 성공하며, 강하고, 행복하다.

15. 누가 나와 같으랴? 나는 아주 부유하고 아주 고귀한 태생이다. 나는 선택한 신들에게 희생 의식을 바칠 것이다. 나는 자선들을 베풀 것이다. 나는 즐겁게 놀 것이다." 그것이 그들이 알아차리지 못하고 스스로에게 말하는 것이다.

16. 그들은 감각들의 쾌락에 중독되어 있으며, 많은 욕망들로 안절부절못하며, 망상의 그물에 걸려 있다. 그들은 자신의 사악한 마음의 결과로 불결한 지옥에 빠진다.

## 신성하지 않은 사람들의 종교적 의식들

17. 자만심이 강하고, 고집이 세며, 어리석을 정도로 오만하고, 부에 취한 그들은 종교적 의식들을 바치더라도, 겉으로 보여주기 위해 이름만으로 희생 의식을 바친다.

## 신성한 계명들에 대한 신성하지 않은 사람들의 경시

18. 신성하지 않음으로 가득 찬 이런 사람들은 독선적이고, 폭력적이고, 거만하고, 갈망에 차 있고, 화가 나 있고, 모든 사람들을 시기한다. 그들은 나를 혐오하고, 그들 자신과 다른 사람들 모두에게서 나의 존재를 부인한다. 그들은 모든 사람과 나 자신의 적으로 잔인하고, 야비하고, 비열하다.


## 신성하지 않은 사람들의 떨어짐

19. 나는 잔인하고, 사악하고, 비열한 이 혐오스러운 사람들을 계속해서 신성하지 않은 성품의 자궁(호랑이나 사자 같은 가장 잔인한 존재들의)에 던져 넣어서, 탄생과 죽음의 바퀴에 종속시킨다.


20. 신성하지 않은 성품의 자궁에 떨어진 이들은 타락과 망상 속에서 계속해서 다시 태어난다. 그들은 나에게 이르지 못하고, 가장 낮은 영혼의 상태로 가라앉는다. 오, 쿤티의 아들아!

# 피해야 할 어두움으로 가는 세 문들

**21.** 지옥으로 들어가게 하는 세 개의 문들이 있다. (감각 쾌락을 주는 이 세상의 대상들을 얻으려고) 갈망하지 말라. (대상들을 얻지 못하거나 얻은 대상들을 잃더라도) 화내지 말라. (감각 쾌락을 주는 새로운 대상들을 향한) 탐욕의 길로 들어서지 말라. 이것들은 자신의 파멸을 오게 한다. 그러므로 이것들을 피해야 한다.

**22.** 오, 쿤티의 아들아! 어둠으로 가게 하는 이 세 문들에서 풀려난 사람은 자신에게 좋은 것을 할 것(스승들을 만나고, 영적 가르침들을 접하고)이다. 그는 (경전들의 가르침을 듣고, 묵상하고, 명상하여) 마침내 최고의 목표에 도달할 것이다.

**23.** 그러나 경전의 가르침들을 버리고, 자신의 욕망들의 충동에 따라 행동하는 사람들은 인간으로서의 완전함도 놓치고, 행복도 놓치고, 구원이라는 최고의 상태도 놓친다.

**24.** 그러므로 그대가 해야 할 것과 피해야 할 것을 결정할 때, 경전들이 그대의 권위가 되게 하라. 먼저 경전들이 가르치는 것을 알아, 그런 다음 이제 그것들에 따라 이 세상의 여기에서 행위를 하라.

# 제17장
# 세 유형의 믿음

## 무지하지만 믿음이 있는 사람들

**아르주나**

1. 경전들의 지시들은 따르지 않지만, 믿음을 가지고 신과 같은 존재들을 숭배하는 어떤 사람들이 있습니다. 그 믿음은 무엇입니까? 그것은 삿트와에 속합니까? 아니면 라자스나 타마스에 속합니까?

## 세 유형의 믿음

**크리슈나**

2. 인간들의 믿음에는 세 종류가 있다. 그것은 그 사람의 지배적인 성향(천성, 성품, 삼스카라)에 따라 삿트와, 라자스, 타마스로 특징이 지어진다. 자, 들어보라.

**3.** 각 사람의 믿음은 그의 성품에 일치한다. 오, 바라타! 사람들은 믿음을 필히 부여받고 있다. 그들의 믿음이 정말이지 그 사람이다.

**4.** (지배하는 구나들에 따라) 삿트와적인(순수한) 사람들은 신(신의 다양한 측면)들을 숭배한다(이 세상에서 많지 않다. 천상의 행복을 향한다. 예술과 과학자 등 자신을 희생하는 사람들이 있다. 그들은 천국에 이를 것이다.). 라자스적인 사람들은 힘(지위)과 부를 숭배한다(이것들은 가공의 힘들이며, 아름답지 않은 개인적인 감각만족을 위한 것이다. 약샤들, 락샤사들). 타마스적인(미혹된, 사악한) 사람들은 죽은 이들의 영을 숭배하거나 (자신들의 욕망을 충족시키려고) 사회의 나쁜 것들(프레타들과 부타들의 무리)을 숭배한다.

## 라자스적 믿음과 타마스적 믿음

**5.** 그대는 그런 사람들이 경전들에서 규정되지 않은 방식으로, 신체를 지나치게 고행하는 신성하지 않은 성품을 가진 사람이라는 것을 알 것이다. 욕망과 감각 대상들에 대한 애착이 그들을 이기심과 허영심으로 가득 채웠기 때문에 그들은 이렇게 하는 것이다.

**6.** 그들은 자신들의 어리석음으로 모든 감각 기관들을 약화시키고, 신체 안의 거주하고 있는 나를 화나게 만든다.

## 세 종류의 음식, 희생, 고행 그리고 선물

7. 각자가 좋아하는 음식 또한 세 종류가 있다. 또한 희생, 고행, 자선의 종류도 마찬가지이다. 들어보라. 이것이 그것들을 구분하는 사람이다.


## 세 종류의 음식들

8. 삿트와적인 사람들은 그들의 생명력, 에너지, 힘과 건강을 높이는 음식들을 좋아한다. 그런 음식들은 신체적, 정신적 삶에 즐거움을 더한다. 그것들은 즙이 많고, 진정시켜주고, 신선하고, 기분이 좋다.


9. 라자스적인 사람들은 아주 쓰고, 시큼하고, 짜고, 맵고, 톡 쏘고, 시고, 화끈거리는 음식을 더 좋아한다. 이것들은 건강을 나쁘게 하고, 몸과 마음의 질병을 일으킨다.


10. 그리고 타마스적인 사람들은 신선하지 않고, 맛이 없고, 상하고, 불순한 음식들에서 비뚤어진 즐거움을 취한다. 그들은 다른 사람들이 남긴 것을 먹기를 좋아한다.

# 세 종류의 희생

**11.** 사람들이 경전의 지시들에 따라 희생(얏냐, 숭배들)을 하고, 자신을 위한 어떤 이익도 바라지 않을 때, 그들은 삿트와에 의한 영감을 받는다. 그들의 가슴은 희생 그 자체에 맞춰진다. 내적 의무감이 그들을 강요한다.

**12.** 오, 바라타족의 으뜸인 자여! 하지만 그대는 겉으로 보여주고 보상을 바라는 희생(얏냐, 숭배)은 라자스에 의해 영감을 받는 것임을 확신할 수 있다.

**13.** 희생(얏냐, 숭배)을 하는 사람들이 타마스에 의해 영감을 받을 때, 그들은 경전의 지시들을 묵살한다. 음식을 바치는 것, 헌신의 기도, 제사장의 선물들은 없고, 믿음도 전혀 없다.

# 신체의 고행

**14.** 데바(신)들, 거듭난 사람(브람민, 경전들이나 베다들을 아는)들, 스승(스승의 아트만)들 그리고 현자(신을 아는 자)들에 대한 존경, 솔직함, 무해함, 신체적 청결과 성적 순결. 이것들은 수행하는 자들의 신체의 고행이라

고 불리는 미덕들이다.

## 말의 고행

15. 다른 사람들에게 고통을 주지 않고 말하는 것, 진실한 것, 항상 친절하고 유익한 것을 말하는 것, 규칙적으로 경전들을 공부하는 것. 이 수행들은 말의 고행이라고 불린다.

## 마음의 고행

16. 평온, 연민, 아트만에 대한 명상, 감각 대상들로부터 마음을 거두어들이는 것, 동기의 순수는 마음의 고행이라고 불린다.

## 구나들에 따른 세 종류의 고행들

17. 사람들이 믿음을 가지고, 보상을 바라지 않고 이 세 가지 고행들을 믿음으로 수행할 때, 삿트와적인 성품을 가지고 있다고 말해진다.

**18.** 칭찬과 명예와 숭배를 얻기 위한 목적으로 위선[20]으로 하는 고행은 라자스적이며, 불안정하고 신뢰할 수 없는 것이다.

**19.** 자기 자신의 신체를 고문하거나, 다른 사람에게 해를 끼치기 위한 목적으로 어리석게 행해지는 고행은 타마스적이다.

## 세 종류의 선물들

**20.** 과거의 혜택이나 미래의 보상에 대한 기대 때문이 아니라 단순히 그가 주는 것이 옳다는 것을 주는 자가 알기 때문에 알맞은 때에, 적합한 장소에서, 그럴 자격이 있는 사람에게 선물이 주어질 때, 그것은 삿트와로부터 나온 것이라고 여겨질 수 있다.

**21.** 보상 같은 것에 대한 기대에서 또는 다른 이기적 동기를 가지고, 또는 마지못해 주는 것은 어떤 것이든 라자스로부터 나왔다고 말해질 수 있다.

**22.** 받을 사람의 감정은 고려하지 않고, 잘못된 장소와 때에, 받을 만한 가치가 없는 사람에게, 존경이 없이 주어지는 선물은 타마

---

20  진실한 믿음이 없고 단지 보여 주기 위한 목적으로.

스로부터 나왔다고 말해질 수 있다.

# 흠이 있는 행위들을 완전하게 하는 방법들

**23.** 신(빛의 근원. 이것이 우리의 몸, 감각들, 마음과 지성에게 빛을 주어 살아 있게 한다. 이 세상에 있는 모든 것들도 마찬가지이다. 그는 아트만 안에 자리하고 있다. 신성한 눈이 열려야 신을 볼 수 있다. 신은 세상적인 몸, 미세한 몸, 원인의 몸 너머에 있다.)을 **나타내는 세 단어가 "옴**(프라크리티를 통하여 세상의 모든 창조물들을 창조하고 활성화한다. 신의 에너지. 지수화풍공이라는 원소들을 통하여 생명을 있게 한다. 그것들이 있으면 생명체가 살고 없으면 죽는다. a는 거친 몸, u는 미세한 몸, m은 원인의 몸을 상징한다. 이 셋을 합한 것이 어머니 대자연. 현자들은 모든 생명들을 창조한 형상과 이름이 없는 신을 존경하고, 사랑하고, 명상하기 어렵기 때문에 그러한 신에게 사구나인 옴이라는 이름을 붙였다. 몸은 옴 즉 진동의 힘의 결과), **탓**(That. 무지한 눈으로는 그것이 보이지 않는다. 우리가 성취해야 할 영원한 목표. 24개의 신성한 덕들을 함양하면, 이 우주는 살기에 아름다운 곳이 될 것이다. 우리는 그것으로부터 왔으며 마지막에 그것으로 돌아갈 것이다. 모든 창조물 안에 있는 우주적 지성, 이것은 미간에 존재한다.), **삿** (영원한 진리. 진정한 존재. 존재의 원리. 이름들과 형상들 너머에 있는 신. 우리는 이것을 망각하고 이름들과 형상들을 가진 사람이 되어 있다. 우리 안에 있는 순수한 아트만. 창조 이전에는 오직 이 삿이 존재한다. 이 신이 존재의 최종의 위안. 그것이 영원한 씨앗의 저장고. 이것은 뇌 안에 천 개의 연잎으로 있다는 주장을 하는 사람도 있다.)**"이라고 가르쳐져왔다**(우리가 이 세 만트라들을 말함으로, 신이 실재이고 현현의

세상은 거짓이라는 것을 선언하고 있다). 그것들에서 사제들과 베다들과 희생(얏나, 숭배)들이 오래전에 만들어졌다.

24. 그러므로 신의 헌신자(신을 아는 자. 자신보다 더 높은 무엇에 의해 생명의 기원 유지 해체 등이 일어난다는 것을 이해하는 사람들이 신의 헌신자들이다. 그들은 신의 한 부분이다. 그들은 자아를 지우려고 한다. 그들은 이 진리를 항상 가지고 있어서 그 길을 갈 수 있다.)들은 경전들에서 지시하는 여러 희생, 자선 또는 고행의 행위들을 시작할 때 항상 옴을 말하였다.

25. 해방을 갈망하는(진화의 나중의 단계들에서는 자신이 해방에 이르려는 갈망조차도 가지지 않고 있다는 것을 깨달을 것이다.) 사람들이 희생, 자선 또는 고행의 행위들을 할 때, 자신의 행위의 결실들을 목표로 하지 않고 탓(That. 우주를 지탱하고 있는, 우주를 초월하여 있는 것. 그것은 모든 것의 안에, 모든 것 너머에 있다. 우리 모두는 그 우주적 일자Universal One의 부분이다.)에게 바치려고 그 소리를 하였다.

26. '삿'은 창조 너머에 있는 지고한(완전한) 실재(지고자. 이것은 시간과 장소의 영향을 받지 않는다. 이것을 지각하면 온 우주의 모습은 환영이 되고, 그는 지고자와 하나가 된다. 이것 때문에 가치로운 행위는 신과 하나가 된다.)를 의미한다. 그것은 또한, 오, 파르타! 신성한 행위들을 할 때 사용한다.

27. 어느 정도 영적 성숙에 이르면 신에 대한 이해가 발달할 것이다. 그는 희생, 자선 및 고행들의 기저를 이루는 원리에 늘 확고할 것이다. 그는 실재 즉 '삿'을 안다. (신에게 바쳐지는 모든 행위는 삿이다.)

## 믿음이 없는 일들은 결실들이 없다.

28. 만약 사람이 자신의 믿음과 의지를 신에게 향하지 않고 숭배를 하거나, 선물을 주거나, 고행을 행한다면, 그때 그가 하는 것은 아삿이고 실현되지 않는다. 그것은 이 세상에서든, 다음 세상에서든 좋은 결실을 만들어낼 수 없다. 오, 파르타!

# 제18장

# 모든 다르마들을 그만두고 나에게 돌아오라[21]

## 산야사와 티야가의 구분

**아르주나**

1. 오, 강한 분이시여! 저는 '산야사'와 '티야가'에 대한 진리를 배우기를 원합니다. 한 종류의 포기가 다른 종류의 포기와 어떻게 다른지 설명하여 주십시오. 오, 흐리쉬케사시여! 오, 악마 케신을 없애신 분이시여!

**크리슈나**

2. 이기적인 행위를 삼가는 것이 산야사라 불리는 포기이다. 모든 행위의 결과들을 포기하는 것이 티야가이다.

---

21  복귀하라. 탕아, 돌아오라. 그대의 근원에게로 돌아오라. 깨어나라.

3. 어떤 사람들은 행위는 언제나 어느 정도의 악을 포함하고 있기에 모든 행위들을 포기해야 한다고 말한다. 반면에 다른 사람들은 희생, 자선, 고행(자기 수련)은 포기해서는 안 된다고 말한다.

4. 오, 바라타족의 최고인 자여! 이제 그대는 이 문제에 대한 진리를 듣게 될 것이다. 희생, 자선, 고행의 행위들은 포기해서는 안 된다.

5. 그것들의 수행은 반드시 필요하다. 왜냐하면 희생, 자선, 고행의 행위들은 사려 깊은 사람들을 정화시키기 때문에 포기되어서는 안 된다.

6. 그러나 그러한 행위들조차도 그것들의 보상들에 대한 기대 없이 행해져야 한다. 이것은 아주 중요하다. 오, 프리타의 아들아!

## 일들의 타마스적이고 라자스적인 포기

7. 자신의 의무의 행위들을 포기하는 것은 적절하지 않다. 그런 미혹된 포기는 타마스적이다.

**8.** 어렵거나 그것이 신체적 고통을 야기할 것이라는 두려움 때문에 행위를 포기한다면, 그 포기는 라자스적이다. 그런 포기에는 아무런 보상이 없다.

## 일들의 결실의 포기는 삿트와적이다.

**9.** 오, 아르주나! 애착과 그것이 주는 결실들을 포기한 채 자신의 책임을 다하는 것, 이것은 삿트와적 포기이다.

## 일들의 포기에서 모든 일들의 포기로

**10.** 삿트와를 타고난 사람들은 포기의 의미를 분명히 이해하고 흔들리지 않는다. 그들은 싫은 일에 겁을 먹지 않고, 유쾌한 일에 집착하지도 않는다.

**11.** 정말이지 신체를 가지고 있는 한, 행위들을 완전히 포기할 수는 없다. 그러나 행위자라는 생각과 행위의 결실들은 포기할 수 있을 것이다. 그는 포기하는 사람이다. (모든 행위들을 버릴 수 있는 사람은 나를 깨달은 사람들이다. 그들은 몸을 나라고 생각하지 않는다.)

# 죽음 뒤에 오는 진정한 포기의 결과들

**12.** 자아와 자아의 욕망들을 아직 포기하지 않는 사람들은 신체가 죽은 후 행위의 세 가지 유형의 결과들 즉 좋은 것, 나쁜 것, 둘이 섞인 것을 거두어들일 것이다. 그러나 자아와 자아의 욕망들을 포기한 사람들은 이 세상에서든 다음 세상에서든 카르마의 영역을 벗어난다.

# 행위를 만드는 요인들

**13.** 오, 힘이 센 자여! 무슨 행위들이든, 행위들을 끝내는 데는 다섯 요인들이 들어간다고 샹키야 요가는 가르친다. 이것들을 설명할 터이니 나로부터 배워라.

**14.** 신체(행위의 자리, 굴레와 해방이 일어나는 자리. 깨어있음, 꿈 등 의식의 세 상태들이 일어나는 자리), **행위자**(자아, 의식의 그림자. 그는 우주적 의식인데 몸에 집착하여 몸에 따른 개인적인 의식이라 생각할 수도 있음.), (열 가지) **감각 기관**(다섯 감각들과 다섯 행위 기관들)들, **여러 생명의 움직임들**(공기의 기능들 즉 다섯 프라나들), 마지막으로 **주재하는 데바**(눈과 같은 기관들이 기능을 행하도록 돕는 존재. 신성한 의지)들

15. 자신의 신체, 말과 마음으로 바른 혹은 그른 행위들을 할 때, 이것들이 그것의 원인이 되는 다섯 요인들이다.


## 아트만이 행위자라는 것은 환영이다.

16. 그러한데도, 아트만을 행위자라고 보는 사람들이 있다. 그들은 잘못 보고 있다. 그들은 자신의 이해력이 (연마되어) 완전해지지 않았다(부족하다. 그래서 진리를 보지 못한다.).


## 자신이 행위자가 아님을 알면 모든 일의 결과들에서 해방된다.

17. 자아의 개념으로부터 자유로운 사람, 마음이 선과 악이라는 것에 오염되지 않은 사람은, 비록 그가 이 사람들을 죽인다 할지라도 그는 죽인 것이 아니다. 그는 그가 한 행위로 묶이지 않는다.

# 행위의 충동들

**18.** 지식(알고자 하는, 경험하고자 하는 목표), 아는 과정(경험하는 과정), 아는 사람(경험하는 사람)은 모든 행위들을 일어나게 하는 세 가지 힘이다(예를 들면 장미를 알고 싶다. 그래서 알고자 하는 대상인 장미에 다가가서 냄새를 맡아보는 등의 아는 과정을 거친다. 그 경험이 즉 아는 과정이 유쾌하면 반복할 것이며, 불쾌하면 경험하기를 피할 것이다. 물론 아는 사람에게는 카르마가 남을 것이다.). 행위에는 세 가지 요인들 즉 행위의 기관(행위자가 행위를 할 때 사용하는 것. 외적인 기관은 여러 감각 기관들 즉 피부, 귀, 눈, 혀와 코, 내적 기관은 마음, 지성과 자아), 행위(행위자가 보았을 때, 어떤 행위를 하는 것이 유쾌할 것이라는 예상을 하면 그 행위를 할 것이고 그렇지 않으면 행위를 하지 않을 것이다.), 행위자(기관들을 움직이는 자)가 있다.

## 충동들은 구나들에 따라 세 가지가 있다.

**19.** 지식(행위자가 가지고 있는), 행위(알아가는, 행위 하는 과정)와 행위자는 각각에서 우위를 차지하는 구나에 따라 설명될 수 있다. 그것들의 차이점을 설명할 테니 잘 들어보아라.

## 삿트와적인 지식

**20**. 모든 존재들에서 하나의 불멸의 실재, 분리된 것들(나타나지 않는 존재로부터 무생물에 이르기까지)에서 분리되지 않는 하나를 지각하는 것은 삿트와로부터 나온 지식이다.

## 라자스적인 지식

**21**. 라자스적 지식은 모든 존재들을 독립적이고 별개라고 본다. 모든 존재들은 서로 다르다. 그래서 이 세상은 다양한 존재들로 되어있다.

## 타마스적인 지식

**22**. 사고의 균형감이 결여된 타마스적인 지식은 부분을 전체라고 착각한다. 이성이 없는 협소한 지식이다.

## 삿트와적인 행위

**23.** 자기에게 맡겨진 일을 애착이 없이, 결과에 대해 신경을 쓰지 않고, 좋아함이나 싫어함이 없이 하는 것은 삿트와적 행위이다.


## 라자스적인 행위

**24.** 그러나 갈망의 채찍에서 나왔거나, 자아가 들어가 있거나, 많은 고단한 노역이 들어가 있는 행위는 라자스적이다.


## 타마스적인 행위

**25.** 힘과 부를 낭비하는 비용은 고려하지 않고, 다른 사람에게 주는 해를 신경 쓰지 않고, 자신의 능력을 고려하지 않고 미혹으로 행해지는 행위는 타마스적이다.

## 샷트와적인 행위자

**26.** 애착이 없고, 자아가 없고, 확고하고, 열정적이고, 성공과 실패에 영향을 받지 않는 행위자는 샷트와적 행위자이다.


## 라자스적인 행위자

**27.** 허영심에서 주어지는 상에 흥분하고, 잔인하고, 탐욕스럽고, 불순하고, 승리에 빨리 기뻐하고 실패에 낙담하는, 욕망이 있는 행위자. 그는 라자스적 행위자이다.


## 타마스적인 행위자

**28.** 가슴이 행위에 있지 않고, 저속하고, 완고하고, 속이고, 악의적이고, 미루는 것을 좋아하고, 쉽게 낙담하는 행위자는 타마스적 행위자이다.

**29.** 지성과 확고함은 우세한 구나들에 따라 세 종류가 있다. 내가 그것들을 하나씩 설명해 주겠으니 들어보아라. 오, 다난자야!

## 삿트와적인 지성

**30.** 삿트와적 지성은 속박의 지식과 해방의 지식에 더하여, 언제 행위를 하고 언제 행위를 하지 말아야 할지, 무엇을 하고 무엇을 하지 말아야 할지, 무엇을 두려워해야 하고 무엇을 두려워하지 말아야 할지를 아는 것이다. 오, 파르타!

## 라자스적인 지성

**31.** 하지만 옳고 그른 것을 잘못 구분하거나, 무엇을 해야 하고 무엇을 하면 안 되는지 알 수 없을 때, 그것은 라자스적인 지성이다. 오, 파르타!

## 타마스적인 지성

**32.** 타마스적 지성은 무지에 뒤덮여, 모든 것을 왜곡되게 본다. 오, 파르타!

## 삿트와적인 확고함

33. 삿트와에 의해 영감을 받은 확고함은 결코 흔들리지 않는다. 그것은 요가의 수행을 통해 강화된다. 이런 종류의 확고함을 가진 사람은 마음, 프라나(호흡), 감각들을 빠르게 제어하여 조화롭게 유지한다. 오, 파르타!

## 라자스적인 확고함

34. 이기적 욕망에 조건화된 라자스적 확고함은 존경(다르마. 의무), 쾌락, 재산을 추구한다. 오, 파르타!

## 타마스적인 확고함

35. 타마스적인 확고함은 무지, 나태, 두려움, 슬픔, 우울, 자만으로 자신을 나타낸다. 오, 파르타!

# 즐거움은 구나들에 따라 셋이 있다.

36. 이제, 아르주나. 세 가지 종류의 즐거움들에 대해 말해주겠다. 오, 바라타족의 으뜸인 자여! 지속적인 노력으로 고통의 끝이 확실히 온다.

## 삿트와적인 즐거움

37. (순수한 지식에서 생겨난 행복이 삿트와적인 즐거움이다.) 엄격한 자기 교육 후에 그의 즐거움은 깊다. 처음에는 힘든 고역이지만, 슬픔의 끝인 마지막에는 얼마나 달콤한가.

## 라자스적인 즐거움

38. 감각들은 감각 대상들과의 결합으로 행복을 갖는다. 처음에는 달콤하지만 마지막에는 얼마나 쓰라린가. 라자스에 담가진 즐거움은 독이다.

# 타마스적인 즐거움

**39**. 타마스적인 사람들은 인사불성, 나태, 도취로부터 즐거움을 끌어낸다. 이 즐거움은 처음에도 마지막에도 망상이다.

## 어떤 인간이나 신들도 구나들로부터 자유롭지 않다.

**40**. 물질(프라크리티)로부터 생겨난 이 세 가지 구나들로부터 자유로운 존재는 땅 위에도 없고 하늘에 있는 데바들 사이에도 없다.

## 네 사회계층의 의무들은 성품에 따라 정해진 것이다.

**41**. 오, 파란타파! 브람민들, 전사들, 상인들과 봉사자들로 구분 짓는 사회계층에서 발견되는 여러 의무들은 자신의 성품에서 생긴 구나들에 그것들의 뿌리가 있다.

**42**. 브람민(브람마나)들의 의무(9개의 덕)는 고요하고(평화롭고), 마음을 통제하고(self control. 사마. 순수해지기 위해서는 감각 대상들에 대한 생각조차도 하지 않아야 한다. 마음을 통제하기 위하여 과거의 기억들 혹은 유혹들 안으로 들어가야 할 수도. 유

혹들은 나 깨달음으로 가는 길을 강제적으로 벗어나게 할 수도 있다. 브람민들은 항상 자신의 마음을 통제하는 사람이다.), 고행하고, 흠이 없고(순수하고), 관대하고(용서하고), 올바르고, 지식(경전들의 가르침. 갸나)을 따르고, 아트만을 알고(비갸나), 신에 대한 확고한 믿음(아스티캬)이다.

**43.** 전사들의 의무(7개)는 용감하고, 굽히지 않고, 두려움이 없고, 섬세한 기술을 지니고, 너그럽고, 전투에서 물러나지 않고, 단호한 통솔력을 지니는 것이다.

**44.** 다른 이들에게 무엇인가를 제공하는 일(섬기는)을 위해 태어난 사람들(수드라. 신체 지향적인 사람들)이 있다. 상인, 농부, 가축을 키우는 사람들이 그들이다. 그것들이 그들에게 주어진 의무이다.

## 자신의 의무에의 헌신은 완성으로 나아가게 한다.

**45.** 자신의 성품(바사나)에서 나온 의무에 헌신함으로 사람들은 완성에 이를 수 있다. 어떻게 그러한지 알려주겠다.

**46.** 자신에게 주어진 일을 하면서 모든 피조물 안에 있는 신을 숭배(카르마 박티)함으로써 그 사람은 완성(갸나, 지식)에 이를 수 있다.

47. 다른 사람의 의무를 잘 하는 것보다는 불완전하게라도 자신의 의무를 하는 것이 더 낫다. 자신의 성품에 따라 운명 지어진 의무를 행하면 그에게 결코 슬픔이 오지 않는다(죄를 지을 수 없다.).

## 자신의 의무를 저버리지 않아야 한다.

48. 자신의 성품에 따라 운명 지어진 의무는 비록 결점이 있더라도 포기하지 않아야 한다. 불이 연기에 에워싸여져 있듯이, 모든 행위들은 결점(구나)들로 뒤덮여 있다. 오, 쿤티의 아들아!

## 깨달은 사람들만이 행위를 완전히 포기할 수 있다.

49. 지성이 대상들(아내, 자식, 몸과 재산 및 여러 대상들)에 대한 애착에서 자유롭고, 마음과 감각들(자신)을 정복하였고(할 수 있으며), 욕망(몸, 생명, 감각의 쾌락)이 달아난 사람(그는 초연과 식별로 가득 찬다. 그래서 존재와 지식과 희열의 성품인 나에 점차로 자리를 잡는다. 거기에는 행위의 중지가 있다.)은, 포기로 행위로부터 자유라는 지고한 상태를 얻는다(아트만이 행위 없는 신과 동일하다는 것을 알아, 모든 행위들이 그에게서 없어진다).

**50.** 어떻게 완벽해진(은총의 결과로 지식에 대한 헌신을 위해 준비된 몸과 감각들) 사람이 지식의 최고의 상태인 신에 이르는지를 이제 나에게서 배워라. 오, 쿤티의 아들아!

# 절대완성으로 가는 길

**51.** 순수한 지성(깨끗한 거울. 순수한 지성은 신이다. 그것은 쉽게 신에 잠긴다. 순수한 지성이 신에 잠기면, 지바도 신에 잠긴다. 지바는 신과 동일하다.)을 지니고 있고, 몸과 감각들(자아, 감각들은 프리타야하라의 수행을 계속하여, 감각들을 나를 향하게 함으로 감각들이 통제된다.)을 확고하게 통제하며, 소리 등과 같은 감각의 대상들을 멀리하고(몸을 유지하는데 필요한 최소한의 것들로 만족하고, 불필요한 모든 사치품들을 멀리한), 좋아함과 싫어함으로부터 자유로운(과거의 삶들의 결과로서 기쁨과 고통을 만난다면 그는 그것이 일어나도록 하거나 후회하지 않는)

**52.** 그런 사람은 한적한 곳(나를 명상할 수 있는 조용하고 방해가 없는 곳. 그곳에서 강렬한 수행을 할 수 있을 것이다. 명상이 저절로 올 것이다. 나를 깨달은 모든 현자들과 성자들은 몇 년 동안을 한적한 곳에 머물렀다.)에 머물며, 가볍게 식사를 하며(삿트와적인 식사. 너무 많은 식사를 하면 졸릴 것이다. 과도한 단식으로 몸을 벌하지 말고), 신체와 말과 마음을 통제(가벼운 몸과 빛, 쾌활하고 고요한 마음)하며, 항상 명상(나, 크리슈나, 라마, 쉬바, 예수, 붓다, 신)에 몰두하는 삶을 산다.

**53.** 자아(몸을 아트만과 잘못 동일시하는), 강함(신체적 강함이 아니라 열정, 욕망과 애착의 강함. 신체적 강함을 버리는 것은 불가능), 오만, 욕망, 화와 탐냄이 떠나고(버리고), '나의 것'이라는 개념으로부터 자유롭고, 평화로운 사람(아트만 지식에 헌신하는 위의 것들을 가진 구도자)은 신과 하나가 될 준비가 되었다(생각이 없는 사마디 상태 동안에 깨달음의 빛이 발산한다. 신성한 영적 교감이 온다. 이원성은 사라진다.).

# 지식의 정점은 헌신으로 얻어진다.

**54.** 신과 하나 되어(자신을 마음으로 알고 있던 구도자가 마음 너머에 있는 찬란한 바탕을 발견하고 놀란다. 자신은 사라지고 그것에 잠긴다. 그것은 현현의 바탕이라는 것을 안다. 그것을 신이라고 칭하기도 하지만 다른 전통에 있는 다른 이름으로 부를 수도 있을 것이다.) 아트만 안에서 고요해진 사람은 슬퍼하지도 욕망하지도 않는다(몸과 감각들과 마음 너머에 있는 것을 발견했기에 그는 신비를 발견한 미스틱한 사람이 된다. 그것 이상의 얻음은 없다고 생각한다.). 모든 존재들을 동등하게 수용하게 된(여러 존재들이 같은 바탕에서 나왔다는 것을 알기에 다른 존재들의 기쁨과 슬픔이 자신의 것으로 다가온다.) 그들은 나에 대한 최고의 헌신에 이른다(신은 아트만으로서 모든 존재들 안에 있다. 모든 곳에 퍼져 있는 순수한 의식으로 있는 신, 비이원이고 태어남이 없고 부패가 없고 나누어지지 않고 변하지 않고....세상은 그것의 현현이라는 앎에 이른다. 같은 신이 우리 모두 안에 있다. 우주적 사랑. 모든 존재가 그분이다. 이것이 마지막이 아니라

하나 더 있다.).

**55.** 나에 대한 헌신으로 그들은 내가 정말로 누구인지(푸루샤이고,
공간과 같고, 이원이 아니고, 의식이며, 순수하고, 단순하고, 생겨난 적이 없고, 쇠퇴하지 않
고, 죽지 않고, 두려움이 없는)를 안다. 그때 그들은 나의 영광을 알며 지고한
나 안으로 들어온다(파라 박티, 즉 끊이지 않는 신에 잠김의 상태. 자연스러운 사마디의
상태에 있을 수 있도록 노력해야 할 것이다. 즉 갸나 니슈타, 혹은 신 니슈타에 있도록. 이것에
늘 있는 사람을 갸니라고 한다.).

## 일들을 통한 신에의 헌신이 명해졌다.

**56.** 그들이 하는 모든 행위들은 나에 대한 봉사로 내 앞에 바쳐
진다. 온 마음을 다하여 나에게 잠기는 사람은 나의 은총에 의해 영원
한 거처에 이른다.

**57.** 모든 행위들(좋은 행위들 및 금지된 행위들까지도)을 마음(신에게 바친
다는 정신으로 사심 없는 일들을 함으로 가슴이 정화될 때 그 지식은 마침내 해방으로 나아가
게 한다는 식별적인 믿음)으로 나에게 바쳐라. 나를 그대의 가장 높은 목표라
여겨라. 나를 그대의 유일한 안식처로 알라. 항상 식별의 요가를 하면
서 그대의 마음을 나에게 고정시켜라.

**58.** 그대의 마음을 나(신은 신체적 형상을 가진 사람이 아니라, 제16장 1,2,3 수트라에 있는 26개의 속성 혹은 삿칫아난다)에게 고정시키면, 그대는 나의 은총으로 모든 어려움들을 극복할 것이다. 하지만 그대가 자만으로(자아로) 가득하여 나의 말을 듣기를 거부한다면, 그대는 파멸하게 될 것이다(소용이 없을 것이다.).

**59.** 만약 그대가 자아로 가득하여 "저는 싸우지 않을 것입니다."라고 말한다 해도, 그대의 결심은 헛될 것이다. 왜냐하면 그대의 성품(자연, 아르주나의 크샤트리아라는 내면의 성품. 바사나로 생긴 그의 라자스 구나)이 그대를 전투로 몰고 갈 것이다.

**60.** 왜냐하면 그대는 자신을 구속하는 카르마를 직접 만들어냈기 때문이다. 그대는 그 힘에 대해 무력하다. 그대의 의지에 반하여 그대는 전투를 하게 될 것이다(한쪽에는 바사나, 다른 쪽인 안에는 신성한 소리가 있다. 수행으로, 경전의 공부로, 구루의 가르침으로 신성한 소리를 강하게 할 수 있다. 26개의 자질들을 함양하면).

**61.** 신은 모든 존재들의 가슴에 영원히 빛나고 있다. 그는 모든 존재들을 그들의 신체에 마야(프라크리티. 놀라운 힘)로 생기를 불어넣고는 삼사라의 바퀴를 (카르마에 따라) 회전시킨다. 오, 아르주나!

**62.** 오, 바라타의 후예여! 그대의 온 마음을 다해 신에게 복종하라. 신의 은총으로 그대는 지고한 평화와 영원한 집에 이를 것이다.

**63.** 앞서 말한 바와 같이 나는 비밀들 중의 비밀(해방을 얻기 위한 모든 길들. 즉 카르마, 박티, 갸나, 명상 등이 전해졌다. 마지막 지식은 칫, 즉 의식이다. 마지막 진리는 삿이다. 이것은 모든 고통의 끝인 아난다를 준다.)을 그대에게 가르쳤다. 그것 모두를 주의 깊게 생각해 보고, 그대가 좋아하는 대로 하라.

## 신에 대한 헌신은 행위의 요가의 성공의 비결이다.

**64.** 나의 지고한 말을 다시 들어보아라. 이것은 모든 진리 중 가장 심오한 것이다. 그대는 내가 선택했다. 그러므로 그대의 영적 완성(유익)을 위하여 나는 말할 것이다.

**65.** 그대의 마음을 나에게 고정시켜라(마음이 방황하면, 계속해서 명상의 대상에게로 계속해서 데려오라.). 그대의 모든 행위들을 나에게 바쳐라(그대의 입술로는 나의 이름을 말하라. 그대의 손들은 나를 위해서 일을 하라. 그대의 발들은 나에게로 움직여라). 나에게 존경을 표하라(나에게 절하라. 복종의 자세를 취하면 신 혹은 스승으로부터 최상의 것이 올 것이다.). 그러면 그대는 (나의 은총으로) 나를 발견할 것이다. 이것이 그대를 아주 사랑하는 나의 약속이다.

# 올바른 지식과 모든 행위들의 포기(행위는 무지의 창조물이다.)

**66**. (제2장 7수트라에 있는 아르주나의 물음에 대한 답) 모든 의무들(모든 행위들. 우주의 현현은 마야 즉 구나들이다. 거기에 있으면 세상에 있다. 의무들은 몸, 감각들과 마음에서 나온 것들이다. 경전들이 명하는 다르마, 즉 의식들조차도 그렇다. 구나들은 그대가 아니다. 모든 의무들을 버리지 않으면 신을, 궁극을 발견할 수 없다. 2장 16절 참조.)을 포기하고(내버려 두고, 모든 행위를 그만두고. 아트만은 행위자가 아니다.), 유일한 피난처(기억을 못하고 있는, 잃어버리고 있는 집, 그대의 영원한 피난처)인 나(초월로 있는 순수한 의식 혹은 자각, 행위를 하지 않고 있는 분. 종교적 의무조차도. 잠언 8.35에서는 '나를 얻는 이는 생명을 얻고'라고 말한다. 모든 형상들의 바탕으로 있는 나, 모든 것의 아트만인 나. I am that I am, Being. 나만을 기억하라. 나 속에서 그대의 아트만을 발견하라. 브린다반의 목부들은 크리슈나가 음식을 요청했을 때 자기들의 의무인 푸자를 하고 난 뒤 줄 수 있다고 했지만, 목부의 아내들 즉 고피들은 바로 달려갔다.)에게로 돌아오너라(오직 행위를 하지 않고 있는 아트만에 항복하라. 초월로 있는 빛에 잠겨라. 만약 그대가 이것에 자리를 잡는다면). 나는 모든 죄(속박, 잘못)들로부터 그대를 해방시킬(나는 빛으로 무지에서 생긴 어두움을 소멸시킨다.) 것이다. 슬퍼하지 말라.


# 기타의 가르침들을 전수받기 위한 자격들

**67**. 고행(자기 수련)과 헌신이 없거나(나를 사랑하지 않거나), 봉사하지

않거나, 들으려 하지 않거나, 나를 나쁘게 말하는 사람에게는 이것을 나누지 말라(가르치지 말라.).

## 가르침들을 가르치는 것의 덕

**68**. 하지만 나를 사랑하고 나에게 헌신하는 사람들에게 기타의 이 지고한 비밀(진리)을 가르치는 사람은 확실히 나에게로 올 것이다.

**69**. 누구도 나에게 이보다 더 큰 봉사를 할 수 없다. 나에게 그보다 더 소중한 사람은 세상에 없을 것이다.

**70**. 그리고 누구라도 우리의 이 신성한 대화를 명상한다면, 나는 그가 지식의 헌신(갸나 얏냐)으로 나를 숭배했다고 여길 것이다.

## 가르침을 듣는 것의 덕

**71**. 믿음으로 이 말들을 듣고 그것을 의심하지 않는다면, 그 역시 죄들로부터 해방되어 의로운 사람들이 사는 하늘에 닿을 것이다.

## 신께서 아르주나가 가르침을 이해했다는 것을 확인하다.

72. 오, 아르주나! 그대는 나의 말을 주의 깊게 들었는가? 이제 무지에서 생겨난 미혹들이 소멸되었는가?

**아르주나**

73. 당신의 은총으로, 오, 신이시여, 저의 (진정한 성품에 대한) 기억을 되찾았습니다. 저의 의심(미혹)들이 사라졌고 확고합니다. 저는 당신의 말씀을 따를 것입니다.


## 산자야가 신과 신의 가르침을 칭송하다.

**산자야**

74. 이와 같이 저는 신 크리슈나와 고귀한 영혼을 지닌 왕자 간의 이 놀라운 대화를 들었습니다.

75. 비야사의 은총으로 저는 이 지고하고 가장 비밀스러운 요가를 요가의 신이신 크리슈나로부터 그분의 말씀을 직접 들었습니다.

76. 오, 왕이시여! 케사바와 아르주나 간의 이 경이롭고 신성한

대화를 기억할 때마다 저는 거듭거듭 기쁩니다.

77. 그리고 오, 왕이시여! 크리슈나의 가장 놀라운 모습을 회상할 때마다 저는 말할 수 없는 경이로움을 느끼며 다시 또다시 기뻐합니다.

78. 요가의 신이신 크리슈나께서 계시는 곳마다, 궁수인 아르주나가 있는 곳마다, 그곳에는 번영, 평화, 승리와 영광이 있음을 저는 확신합니다.

# 바가바드 기타

재 개정판 발행    2024년 8월 20일

편저자    크리슈나다스(김병채)

펴 낸 이  황정선
출판등록   2003년 7월 7일 제62호
펴 낸 곳  슈리 크리슈나다스 아쉬람
주     소  경상남도 창원시 의창구 북면 신리길 35번길 12-12
대표전화   (055) 299-1399
팩시밀리   (055) 299-1373

전자우편   krishnadass@hanmail.net
카    페  cafe.daum.net/Krishnadas

ISBN  978-89-91596-97-9  (03270)